BIBLIOGRAPHIE

OU

CATALOGUE GÉNÉRAL ET COMPLET

DES LIVRES

DE DROIT ET DE JURISPRUDENCE

Publiés jusqu'au 31 décembre 1856,

CLASSÉ

DANS L'ORDRE DES CODES,

AVEC

TABLE ALPHABÉTIQUE

DES MATIÈRES ET DES NOMS DES AUTEURS

PLACÉE EN TÊTE DU CATALOGUE.

PARIS

IMPRIMERIE ET LIBRAIRIE GÉNÉRALE DE JURISPRUDENCE.

COSSE ET MARCHAL, IMPRIMEURS-ÉDITEURS,

LIBRAIRES DE LA COUR DE CASSATION

ET DE L'ORDRE DES AVOCATS A LA MÊME COUR ET AU CONSEIL D'ÉTAT,

PLACE DAUPHINE, 27.

1857

Q

IMPRIMERIE ET LIBRAIRIE GÉNÉRALE DE JURISPRUDENCE.

COSSE et MARCHAL, IMPRIMEURS-ÉDITEURS,

LIBRAIRES DE LA COUR DE CASSATION

ET DE L'ORDRE DES AVOCATS A LA MÊME COUR ET AU CONSEIL D'ÉTAT,

Paris. — Place Dauphine, 27.

L'imprimerie est rue Christine, 2.

BIBLIOGRAPHIE

OU

CATALOGUE GÉNÉRAL ET COMPLET

DES LIVRES

DE DROIT ET DE JURISPRUDENCE

Publiés jusqu'au 31 décembre 1856,

CLASSÉ

DANS L'ORDRE DES CODES,

AVEC

TABLE ALPHABÉTIQUE

DES MATIÈRES ET DES NOMS DES AUTEURS

PLACÉE EN TÊTE DU CATALOGUE.

PARIS

PLACE DAUPHINE, 27.

Entre le Palais de Justice et le Pont-Neuf.

DÉPOT DES MÊMES LIVRES, A LA LIBRAIRIE DE Mme VEUVE JOUBERT,

Rue des Grès, 18, à Paris.

1857

TABLE ALPHABÉTIQUE
DES MATIÈRES ET DES NOMS DES AUTEURS.

NOTE SUR LE CLASSEMENT DU CATALOGUE.

Un CATALOGUE complet, sans *omission* comme sans *remplissage*, et *classé* de manière à présenter toute facilité aux recherches, était chose assez difficile pour nous. — Grâce à des conseils bienveillants, nous croyons pouvoir offrir celui-ci comme le recueil *de Livres de Droit* le plus complet et le plus facile à consulter qui ait encore été publié, sans vouloir affirmer absolument que quelque publication intéressante ne nous ait pas échappé ; dans ce cas, l'omission serait aussitôt réparée que signalée.

L'ordre alphabétique des noms des auteurs, adopté généralement, présente assurément des avantages réels ; mais il a le grave inconvénient d'*éparpiller* les livres *analogues* ou *similaires* de la première à la dernière page du catalogue.—Pour éviter cet inconvénient, nous avons classé le nôtre d'abord *dans l'ordre des Codes*, puis nous avons groupé, à la suite les uns des autres, tous les livres traitant des mêmes matières. *Exemple :*

Au mot MÉDECINE LÉGALE, page 24, on trouve les ouvrages de MM. *Barse, Bayard, Briand et Chaudé, Calmeil, De Salle, Devergie et Dehaussy, Flandin, Hoffbauer, Marc, Orfila, Sacase*. Dans cette table on trouvera tous ces *noms d'auteur* à leur ordre alphabétique, renvoyant aussi à la page 24.

Par le rapprochement de tous les travaux publiés sur la matière cherchée, aucune publication ne peut échapper au Lecteur ; il est mis à même de comparer et de choisir.

NOTA. — Ce Catalogue sera expédié *franco* à toutes les personnes qui en feront la demande.— Il est répondu à l'instant à toutes les demandes de prix.

Imprimerie et Librairie générale de Jurisprudence

BIBLIOGRAPHIE

OU

CATALOGUE GÉNÉRAL

ET COMPLET

DE LIVRES DE DROIT ET DE JURISPRUDENCE

PAR ORDRE DE MATIÈRES.

COSSE ET **MARCHAL**, LIBRAIRES DE LA COUR DE CASSATION.

Place Dauphine, 27. — Paris.

PREMIÈRE PARTIE.

Les **CODES**; Textes, Motifs, Commentaires, Traités.

CODES (Texte des).

DURAND. Code général des lois françaises. continué et mis au courant, chaque année, par une publication paraissant après la session législative ; contenant, outre les codes ordinaires, toutes les lois réputées en vigueur et d'une application usuelle, classées par ordre de matières et reliées entre elles par des renvois de concordance, le tout avec des annotations faisant connaître l'état actuel de la législation sur chaque matière, etc. 1857. Gr. in-8. 18 fr. 50

BACQUA (N.). Codes de la Législation française, ouvrage contenant, outre la Constitution et les Codes ordinaires, des Codes spéciaux sur chacune des autres matières du droit, etc., avec Supplément comprenant les lois d'intérêt général de 1854 à 1856 inclus. 1 vol. gr. in-8°. 1857. 20 fr.
Le Supplément séparément. 6 fr.
—Les mêmes, in-18. 1857. 5 fr.

ROYER-COLLARD ET MOURLON. Les Codes français conformes aux textes officiels, nouvelle édition entièrement refondue. Gr. in-8. 1857. 15 fr.
—Le même, in-18 ou in-32. 5 fr.

PAILLIET. Codes et Lois de France tenus toujours au courant, ou Droit français présentant, avec concordance et annotations, les dispositions constitutionnelles, législatives et réglementaires, d'intérêt général et d'application usuelle, en vigueur depuis 1453 jusqu'à ce jour. 2 vol. gr. in-8. 1855. 15 fr.

TEULET ET LOISEAU. Les Codes de l'Empire français (édit. clichée), tenus toujours au courant des changements de la législation, etc. 6e éd. 1 v. in-8, sur pap. collé. 8 fr.
—Les mêmes, contenant les textes exigés pour soutenir les thèses.in-18 ou in-32. 5 fr.

TRIPIER (L.) Les Codes français, colla-

tionnés sur les textes officiels, précédés de la Constitution, suivis d'un supplément, etc., etc. 1 fort vol. in-8, 1857. 15 fr.
—Les mêmes, 1 v. in-32 (éd. diamant). 6 fr.

MOTIFS et RAPPORTS, etc.

LOCRÉ. Législation civile, commerciale et criminelle de la France, ou commentaire et complément des cinq Codes. 31 v.in-8. 160 f.
On vend séparément :
Le Code civil. 16 vol. 50 fr.
— Procès-verbaux du conseil d'État, contenant la Discussion du projet du Code civil, ans XII et XIII (1803-1804). 5 v. in-4.

SÉRUZIER. Précis historique sur les Codes français. 1845. in-8. 3 fr. 50 c.

CODES ANNOTÉS.

CODES ANNOTÉS DE SIREY, contenant toute la jurisprudence depuis 1789 jusqu'à ce jour et la doctrine des auteurs ; par P. GILBERT, l'un des principaux rédacteurs du *Recueil général des Lois et des Arrêts*, avec le concours, pour la partie criminelle, de MM. FAUSTIN HÉLIE, conseiller à la Cour de cassation, et CUZON, Avocat à Paris. 3 vol. in-8 ou in-4. 45 fr.
Prix (*Séparément*) : Code civil, 20 fr. ; Code de procédure, 15 f.; Code de commerce, 10 fr.; Code d'inst. crim., 8 fr.; Code pénal, 7 fr.; Code forestier, 5 fr.
Les Codes Civil et de Procédure, *ensemble*. 30 fr.; — les Codes Cvl, de Procédure et de Commerce, *ensemble*, 35 fr. ; — Les Codes d'Instr.. Pénal et Forester, *ensemble*, 15 fr.

CODE ANNOTÉ DE LA PRESSE, par G. ROUSSET, *pouvant faire suite aux Codes annotés par Gilbert.* Voy. p. 25.

OPINION DE M. NICIAS GAILLARD.

Nous sommes un assez bon nombre au Palais

qui pourrions nous dire les obligés de M. Gilbert. Pour ma part, je lui sais très-bon gré de ses *Codes annotés :* ils facilitent les recherches, ils les abrégent ; ils économisent le temps, et le temps est si précieux ! Je sais que ces recueils, si obligeants et si commodes, peuvent avoir un danger : il ne faudrait pas qu'ils prissent toute la peine pour eux et ne nous laissassent rien à faire. Mais cela dépend de nous ; le travail ne nous manquera pas, si nous le voulons bien. . . . .

Les *Codes annotés* empruntent d'ordinaire leurs sommaires au recueil de Sirey, continué par M. Devilleneuve. En cela, M. Gilbert ne fait guère que reprendre son bien, car depuis longtemps il prête à ce recueil une collaboration fort assidue. Mais ce qui lui appartient plus en propre, c'est le classement méthodique des nombreux matériaux qu'il avait à mettre en œuvre. Ce classement nous a paru bien fait : des divisions exactes et commodes y servent de guide au milieu de la foule des solutions; chaque chose y est à sa place ; l'esprit descend et remonte sans effort des principes aux conséquences, des conséquences aux principes ; et l'on voit, sous chaque article de loi, les idées secondaires se ranger par degrés à la suite de la proposition principale, comme une longue descendance sort d'une souche unique dans un tableau généalogique.

L'utilité des tables de jurisprudence, quelle que soit leur forme, dépend en grande partie de l'exactitude des renvois ; car, malgré ce que nous avons dit plus haut des notices d'arrêts, dont la perfection serait, s'il était possible, de tenir lieu des arrêts eux-mêmes, le plus sûr est bien toujours de recourir au texte : *Cavendum est ab exemplorum fragmentis ac compendiis* (Bacon, *Leg. leges*, sect. 4, aph. 26) ! Les *Codes annotés* ont ce mérite de l'exactitude ; ils ont aussi le mérite de l'impartialité. Le concours habituel de M. Gilbert à l'une de nos grands journaux de jurisprudence expliquerait certaines préférences de sa part pour ce recueil ; mais d'ordinaire il ne se borne point à y renvoyer. il les cite tous : ce qui est une preuve d'honnêteté et de bon goût, et d'ailleurs une conduite habile autant qu'honnête, car l'ouvrage perdrait beaucoup à être exclusif. . . . . .

Je m'arrête ici. En disant quelques mots d'une œuvre estimable et modeste, je n'ai pas cherché à m'acquitter envers l'auteur, car chaque jour ma dette se renouvelle et j'espère bien encore l'accroître; j'ai seulement voulu dire un peu du bien que j'en pense. Je tiens cependant à ne pas finir sans féliciter M Gilbert et son habile éditeur, de l'importante collaboration qu'ils ont obtenue pour leur dernier volume. Le nom de M. le conseiller Faustin Hélie suffirait pour honorer leur publication. Je veux aussi constater ce précieux concours sous un autre rapport et à l'honneur même de la jurisprudence : quand un esprit d'un ordre aussi élevé, et qui se doit à l'achèvement d'un grand ouvrage, s'arrête, semble descendre à annoter des arrêts, cela signifie qu'il n'est point d'idée générale qui ne soit vaine si elle ne s'appuie sur les faits, et que, dans la science juridique, les arrêts sont ces premiers éléments qu'il faut d'abord recueillir pour servir de base aux systèmes.

NICIAS GAILLARD,
Président à la Cour de cassation.

PAILLIET. Manuel de Droit français. 1838. 1 v. in-4 ou 2 v. in-8.   30 fr.

PICOT. Nouveau Manuel pratique du Code Napoléon expliqué. 1 v. in-18. 1836. 4 fr. 50
ROGRON. Les Codes Français expliqués par leurs motifs, par des exemples et par la jurisprudence, avec la solution, sous chaque article, des difficultés ainsi que des principales questions que présente le texte, etc. 5e édit. 2 forts vol. in-4 à 2 colonnes. 35 fr.
—Les mêmes, 9 vol. in-18.   67 fr.
Chaque Code se vend séparément.
TEULET, D'AUVILLIERS ET SULPICY. Codes annotés, offrant sous chaque article l'état complet de la doctrine, de la jurisprudence et de la législation. 1843. 2 vol. in-4 ou in-8.   40 fr.

CODE NAPOLÉON.
Motifs.

CRUSSAIRE. Analyse des observations des tribunaux d'appel et du tribunal de cassation sur le Projet du Code civil, rapprochées du texte. 1802. in-4.   10 fr.
FAVARD DE LANGLADE. Motifs et Discours prononcés lors de la publication du Code civil.—Discussion au conseil d'Etat et au Tribunat sur ce Code.1838. 2 v. gr. in-8. à deux colonnes.   22 fr.
FENET. Recueil complet des Travaux préparatoires, ou Motifs du Code civil, etc. 1836. 15 vol. in-8.   150 fr.
GIN. Analyse raisonnée du Droit français, etc. 6 vol. in-8.   25 fr.
JOUANNEAU ET SOLON. Discussion du Code civil dans le conseil d'Etat, etc. 1803. 5 vol. in-4.   18 fr.
LOCRÉ, Voy. p. 1.
MALEVILLE. Analyse raisonnée de la discussion du Code civil au conseil d'Etat, contenant le précis des observations faites sur chaque article, etc. 5e éd. 4 v. in-8.   20 fr.
PORTALIS. Discours, rapports et travaux inédits sur le Code civil. in-8.   8 fr.

Ouvrages généraux.

ANTHOINE DE ST-JOSEPH. Concordance entre les Codes civils étrangers et le Code Napoléon. 2e édit. 4 vol. in 8. 1836. 50 fr.
AUBRY ET RAU, Doyen et Professeurs à la Faculté de droit de Strasbourg. Cours de Droit civil français, d'après l'ouvrage allemand de C. S. ZACHARIÆ. 3e édit. entièrement refondue et complétée. 6 forts vol. in-8. 48 fr.
Les tomes 1, 3 et 5 sont en vente.
L'accueil si brillant que le public a fait au travail *fusionné* de MM. *Zachariæ, Aubry et Rau,* les sollicitations qu'ont reçues ces derniers, les ont déterminés à compléter cette œuvre et à en faire un Cours complet de Droit civil. La 1re et la 2e édition n'avaient que 5 volumes, celle qui est sous presse en aura 6, contenant plus que les volumes des deux autres éditions.
Les personnes qui souscriront avant le 31 mars 1856 ne paieront l'ouvrage que 42 fr.—Les expéditions seront faites par 2 volumes; on ne soldera les volumes qu'au fur et à mesure de leur réception.

BERRIAT-ST-PRIX (Félix). Notes élémentaires sur le Code civil ; travail contenant seulement, mais sur chaque article sans exception, l'explication des termes techniques, la filiation des idées et la discussion des questions de principes. 3 vol. in-8. 1845-47. 22 fr. 50 c.

Chaque vol. renferme un examen et se vend séparément. 7 fr. 50 c.

BIRET. Application au Code civil des Institutes et des cinquante livres du Digeste. 1824. 2 v. in-8. 14 fr.

BOILEUX. Commentaire sur le Code civil, contenant : *l'explication de chaque article séparément ; l'énonciation au bas du commentaire des questions qu'il a fait naître, les principales raisons de décider pour et contre, et le renvoi aux arrêts;* précédé d'un précis de l'Histoire du Droit civil, par M. F. Poncelet, professeur à la Faculté de Droit de Paris, 6e éd. 6 forts vol. in-8. 45 fr.

Quatre volumes sont en vente.

BROSSARD. Synopsie du Code civil annotée des textes qui le complètent ou le modifient. 1 v. in-fol. rel. 20 fr.

CHABOT. Questions transitoires sur le Code civil, augmentées de notes et corrections de la main de l'auteur, prises sur son exemplaire particulier. 3 vol. in-8. 12 fr.

DARD. Code civil avec des notes indicatives des lois romaines, coutumes, ordonnances, édits et déclarations qui ont rapport à chaque article, ou Conférence du Code civil avec les lois anciennes. 3e éd. 1827. in-8. 10 fr.

DELAPORTE ET RIFFÉ-CAUBRAY. Pandectes françaises ou Commentaires raisonnés sur les Codes civil, de procédure, de commerce et d'instruction criminelle. 1803-1809. 22 v. in-8. 90 fr.

DELEURIE. Corps de droit civil français. 1850. 12 vol. in-8. 30 fr.

DELSOL. Le Code Napoléon expliqué. 3 vol. in-8. 1855. 24 fr.

DELVINCOURT. Cours de Code civil. 5e éd. 3 v. in-4. 30 fr.

DEMANTE. Programme du cours de droit civil français fait à la Faculté de Paris, 3e éd. 3 v. in-8. 18 fr.

—Cours analytique de Code civil. 1849-55. 3 vol. in-8 parus. 22 fr. 50

Cet ouvrage est l'explication du programme du même auteur et formera 7 vol.

DEMOLOMBE (C.), professeur à la faculté de Caen. Cours de Code Napoléon. Les treize premiers volumes traitant les matières de ce code jusqu'à l'article 755 inclus, sont en vente. — Prix de chaque volume. 8 fr.

DU CAURROY, BONNIER et **ROUSTAIN.** Commentaire théorique et pratique du Code civil. 1er examen. 2 v. in-8. 15 fr.

L'ouvrage doit former 6 vol. in-8.

DURANTON. Cours de Droit français, suivant le Code civil. 4e éd., revue et corrigée. 22 v. in-8, y compris la table. 130 fr.

C'est jusqu'à présent, le seul traité de droit civil qui soit complet sur toutes les matières du Code Napoléon. Il reste peu d'exemplaires de ce livre important ; avant peu le prix en sera très-élevé.

DUVERGIER. V. plus bas *Toullier.*

GOUSSET. Code civil commenté dans ses rapports avec la théologie morale. in-18. 6 f.

BUREAUX. Etudes sur le Code civil, première partie, contenant : 1° Traité des Priviléges sur les immeubles; 2° Traité de la Transmission de la propriété par actes entre vifs ; 3° Traité de la Séparation des patrimoines. 3 vol. in-8. 18 fr.

LAHAYE ET VALDECK-ROUSSEAU. Le Code civil annoté des opinions de tous les auteurs qui ont écrit sur notre droit. 1 vol. in-4°. 1844. 28 fr.

LAINÉ (Alph.). Tables analytiques des Codes Napoléon et de procédure civile, contenant l'indication des articles des autres Codes qui se rapportent aux questions contenues dans ces deux Codes, etc. 1854. in-24. 6 fr.

MARCADÉ. Explication théorique du Code Napoléon. 5e éd. revue et corrigée. 6 vol. in-8. 48 fr.

—Explication théorique et pratique du Titre 20, Livre 3, ou Commentaire et Traité des Prescriptions. 1855. in-8. 5 fr.

— Commentaire-Traité théorique et pratique des Priviléges et Hypothèques mis en rapport avec la loi sur la Transcription, par Paul Pont, juge à Paris. 1 vol. in-8° en deux parties. 1856. 12 fr.

MOURLON. Répétitions écrites sur le Code Napoléon. 1855. 3 vol. in-8. 30 fr.

MORELOT. Dictées d'un professeur de droit français. 3 v. in-12. 10 fr.

ROGRON. Code Napoléon expliqué. 2 très-fort vol. in-18. 15e éd. 1855. 15 fr.

TAULIER. Théorie raisonnée du Code civil. 1840-46. 7 v. in-8. 60 fr.

TOULLIER. Droit civil français suivant l'ordre du Code. 6e éd., accompagnée de Notes par M. Duvergier. 14 livr. in-8°. 70 fr.

Il a été publié, de M. Duvergier, 6 vol. formant les tom. 16 à 21, qui comprennent : tom. 16 et 17, le titre de la Vente; 18 et 19, l'Echange et le Louage; 20, le Contrat de société; 21, Dépôt et Séquestre. Prix de chaque. 10 fr.

TROPLONG. Le Droit civil expliqué suivant l'ordre des articles du Code; ouvrage qui fait suite à celui de Toullier.

—Commentaire du titre des donations et testaments. 1855. 4 vol. in-8. 36 fr.

—Comment. du titre du Contrat de mariage. 1850. 4 vol. in-8. 36 fr.

—Commentaire du titre de la Vente. 5e édit. augmenté de la jurisprudence jusqu'à ce jour et mis en rapport avec la loi sur la Transcription. 2 vol. in-8. 1856. 18 fr.

—Comment.des tit.de l'Echange et du Louage. 2 vol. in-8. 1852.   18 fr.

— Comment. sur le Contrat des Sociétés civiles et commerciales. 2 v. in-8.1843. 18 fr.

—— Comment. des tit. du Prêt, du Dépôt et Séquestre et des Contrats aléatoires. 1845. 2 vol. in-8.   18 fr.

—Comment. des titres du Mandat, du Cautionnement et des Transactions. 2 vol. in-8, 1845-46.   18 fr.

—— Comment. de la Contr. par corps en matière civile et de commerce. 1 v. in-8. 1847. 9 fr.

—Comment. de la loi du 13 déc. 1848, sur la Contrainte par corps. Appendice au comment. du tit. 16, liv. 3, du Code civil. 1850. 1 vol. in-8.   2 fr.

—Comment. du Nantissement, du Gage et de l'Antichrèse, 1 vol. in-8. 1847. 9 fr.

—Comment. du tit. des Privilèges et Hypothèques. 5e édit. 4 v. in-8. 1854. 56 fr.

——Comment. de la loi du 23 mars 1855 , sur la Transcription en matière hypothécaire. 1856. 1 vol. in-8.   9 fr.

— Comment. du titre de la Prescription. 3e édit. 2 v. in-8. 1838.   18 fr.

—De l'Influence du Christianisme sur le droit civil des Romains. 1 vol. in-12. 1855. 5 fr.

— Du Pouvoir de l'Etat sur l'enseignement d'après l'ancien droit français. 1844. in-8.   6 fr.

Chaque ouvrage se vend séparément.

ZACHARIÆ (Voir ci-dessus *Aubry* et *Rau*). Cours de droit civil français. 3e édit. entièrement refondue et complétée par MM. Aubry et Rau. 6 vol. in-8. Les tomes 1, 5 et 5 sont en vente.   48 fr.

— **Le Droit civil français**, trad. de l'allemand par MM. Massé et Verger. 1854. 5 v. in-8. 37 fr. 50.—Les 3 prem. vol. sont en vente.

Traités spéciaux suivant l'ordre du Code Napoléon.

Dans cette division, l'on renvoie aux commentateurs généraux du Code, dont les volumes se vendent séparément.

Titre préliminaire. — *Publication, effets, application des Lois.*

BERRIAT-SAINT-PRIX, Voy. p. 3.

DELISLE. Principes de l'Interprétation des Lois, des Actes et des Conventions entre les parties, spécialement de la Législation française et étrangère concernant l'Etranger en France ; avec l'Examen critique de la Jurisprudence moderne, et une Table générale. 1852. 2 vol. in-8.   12 fr.

—Table générale des matières contenues dans les deux volumes, *séparément.*   1 fr.

..... Nous ne savons rien de plus digne d'être médité que l'œuvre de l'un des plus brillants athlètes de l'école et du barreau... Son livre n'est ni un traité, ni un commentaire tels qu'on les comprend; c'est la solution des questions ardues, le panorama des cas douteux que la pratique soulève sans cesse ; c'est l'explication de tout ce qui peut arrêter le jurisconsulte dans le champ si embarrassé de l'interprétation..... Arm. Dalloz.

MAILHER DE CHASSAT. Traité de la Retroactivité des lois ou Commentaire approfondi du Code civil. 2 v. in-8. 1845. 12 fr.

— Traité de l'Interprétation des lois. in-8. 1845.   5 fr.

DEMANGEAT. Histoire de la Condition civile des étrangers en France. in-8.1844. 6 fr.

FOELIX. V. page 38.

JAY. De la Jouissance des Droits civils au profit des Etrangers. 1856. 1 vol. in-8. 3 fr.

LEGAT. V. page 28.

MAILHER DE CHASSAT. Traité des Statuts d'après le droit ancien et le droit moderne, ou droit intern. privé. 1 vol. in-8. 1845.   8 f.

Ce livre a été conçu avec toute la hauteur de vue, toute la science que réclamait cette grave matière.   G.

SAPEY. Les Etrangers en France. in-8. 1843.   4 fr.

SCHUTZEMBERGER. Condition civile des Etrangers en France. 1852. in-8.   12 fr.

SOLOMAN. Essai juridique sur la Condition des étrangers. 1844. in-8.   4 fr.

Livre Ier.—*Des Personnes.*

NAUDET. De l'Etat des personnes en France sous les rois de la 1re race. 1857, in-8. 10fr.

PROUDHON. Cours de Droit français sur l'État des personnes. 3e éd. revue et augmentée par M. Valette. 2 v. in-8.1848. 16 fr.

Titre Ier. — *Jouissance et privation des Droits civils.*

ALAUZET, Avocat. De la Qualité de Français et de la Naturalisation, ou Traité des lois qui jusqu'à ce jour ont attribué, fait perdre, recouvrer, ou acquérir la qualité de Français. 1 v. in-8. 1851.   4 fr.

COIN DE LISLE. Jouissance et Privation des droits civils. in-4. 1855.   4 fr.

DESQUIRON. Traité de la Mort civile en France. in-8. 1821.   4 fr.

GUICHARD (J.). Traité des Droits civils, etc. 1821. in-8.   5 fr.

Titre II.—*Actes de l'état civil.*

ADAM. Guide pratique de l'Officier de l'état civil. 1834. in-18.   2 fr.

BERRIAT-ST-PRIX(J.). Recherches sur la législation et la tenue des Actes de l'état civil. 2e édit. 1842. in-8.   2 fr.

CIVAL. Traité théorique et pratique de l'état civil. In-12. 1851.   3 fr.

CLAPARÈDE. Actes de l'état civil; Instructions élémentaires des maires. in-8. 1838.   2 fr. 50

COIN DE LISLE. Actes de l'état civil. in-4. 1835.   3 fr. 50

DUBOIS. Instruction sur la tenue des Registres de l'Etat civil. 1844. in-8.   3 fr.

GARNIER DUBOURGNEUF. Nouveau manuel des Officiers de l'état civil. 2e éd. 1827. in-12.   3 fr.

HUTTEAU D'ORIGNY. De l'État civil et des Améliorations dont il est susceptible. 1823. in-8.   8 fr.

LEMOLT ET BIRET. Manuel complet des Officiers de l'état civil. 4e éd. 1840. in-18.   2 fr. 50

LOIR. De l'État civil des nouveaux nés.1834. in-8.   9 fr.

MAJOREL ET COFFINIÈRES. Traité des Actes de l'Etat civil. 1826. in-8°.   6 fr.

RIEFF, premier Président près la Cour impériale de Colmar. Commentaire des Actes de l'état civil, formant le titre 2 du livre 1er du Code civil; contenant : 1° un exposé de l'ancienne législation; 2° une analyse raisonnée de chacune des dispositions du titre 2 du Code civil; 3° des formules d'actes adaptées aux diverses circonstances dans lesquelles ils peuvent être à rédiger; 4° les lois, décrets, ordonnances, avis du conseil d'Etat, décisions et circulaires ministérielles relatifs aux Actes de l'Etat civil. 2e éd. 1 fort vol. in-8. 1844.   7 fr. 50

Nous avons, il y a peu d'années, rendu compte de la première édition de cet ouvrage, et parlé du soin particulier avec lequel il était composé.

Le travail de l'auteur était si complet dans toutes ses parties, qu'il n'a reçu, dans l'édition qu'on annonce ici, que quelques augmentations qui sont placées dans un Supplément.

Le titre adopté par M. Rieff, si exact qu'il soit, ne donne pas cependant une idée complète de cette composition étendue, si l'on ne se préoccupe que des dispositions du Code civil. Aussi convient-il de faire remarquer qu'on y trouve 1° un exposé de l'ancienne législation; 2° une analyse raisonnée de chacune des dispositions du Code civil; 3° des formules d'actes adaptées aux diverses circonstances dans lesquelles ils peuvent être rédigés; 4° les lois, décrets, ordonnances, avis du conseil d'Etat, décisions et circulaires ministérielles relatifs aux actes de l'état civil.

Le chapitre relatif aux actes de mariage est, à lui seul, un traité sur cette matière. Il contient près de 200 pages.   ARM. DALLOZ.

SERMET. V. plus bas.

TITRE III.—Domicile.

DESQUIRON. Traité du Domicile et de l'Absence. 1812. in-8.   4 fr.

TITRE IV.—Des Absents.

BIRET. Traité de l'Absence et de ses effets. 1824. in-8.   7 fr.

MOLY. Traité des Absents, suivant les règles consacrées par le Code civil. in-8.1822. 6 fr.

PLASMAN (L.-C.). Code et traité des Absents. 1841. 2 vol. in-8.   12 fr.

SERMET. Théorie de l'application des lois; des Absents et des Actes de l'Etat civil. 1834. in-8.   7 fr.

TALANDIER. Nouveau traité des Absents. 1831. in-8.   6 fr.

TITRE V.—Du Mariage.

ALLEMAND. Traité du Mariage et de ses effets. 1847. 2 v. in-8.   16 fr.

CHARDON. Puiss. maritale. Voy. plus bas.

DUCHESNE. Du Mariage; examen comparatif des principes qui le régissent, suivant le Code français, le droit romain, le droit canonique. 1844. in-8.   7 fr. 50 c.

FOELIX. Des Mariages contractés en pays étrangers. 1842. in-8.

NOUGARÈDE. Jurisprudence du Mariage. 1817. in-8.   8 fr.

—Lois du Mariage et du Divorce, depuis leur origine dans le droit romain, 2e éd., 1816. in-8.   8 fr.

PEZZANI. Traité des Empêchements du mariage. 1838. in-8.   6 fr.

PICOT. Du Mariage romain, chrétien et français. 1849. 1 vol. in-8.   6 fr.

THIERCELIN. Du Mariage civil et du Mariage religieux. 1854. in-8.   3 fr.

VAZEILLE. Traité du Mariage. 1825. 2 v. in-8.   12 fr.

VIAUD. De la puissance maritale. 1 vol. in-8. 1855.   5 fr.

TITRE VI. — Divorce et Séparation de corps.

DE BONALD. Du Divorce considéré, au 19e siècle, relativement à l'état domestique et à l'état public de la société. 4e éd. 1839. 5 fr.

MASSOL. De la Séparation de corps. 1840. in-8.   6 fr.

TITRE VII.—Paternité et Filiation.

BEDEL. Traité de l'Adultère et des Enfants adultérins. 1825. in-8.   4 fr.

CADRÈS. Traité des Enfants naturels, mis en rapport avec la doctrine et la jurisprudence. 1847. in-8.   7 fr.

KOENIGSWARTER. Essai sur la Législation des peuples anciens et modernes, relativement aux enfants nés hors mariage. in-8. 1843.   2 fr. 25

LOISEAU. Traité des Enfants naturels. 1819. 1 fort vol. in-8.   9 fr.

TITRE VIII. — Adoption.

BENECH. De l'Illégalité de l'Adoption des enfants naturels. 2e éd. 1845. in-8.   4 fr.

TITRE IX.—Puissance paternelle.

CHARDON. Traité des 3 Puissances, paternelle, maritale et tutélaire. 3 v. in-8. 24 fr.

CHRESTIEN DE POLY. Essai sur la Puissance paternelle. 1820, 2 vol. in-8.   12 fr.

TITRE X. — Minorité, Tutelle, Émancipation.

CHARDON. Puiss. tutélaire, Voy. plus haut.

DESQUIRON. Traité de la Minorité, de la Tutelle et de l'Emancipation.1810. in-8. 6 f.

FREMINVILLE. Traité de la Minorité et de la Tutelle. 1846. 2 vol. in-8.   15 fr.

JAY. Manuel des Conseils de famille. 1846. in-8.   8 fr.

MAGNIN. Traité des Minorités, Tutelles et Curatelles. 1842. 2 v. in-8. 15 fr.

MARCHAND. Code de la Minorité et de la Tutelle. 1839. 1 vol. in-8. 7 fr.

Cet ouvrage est l'œuvre d'un magistrat dont la science n'a pas besoin d'éloges. — C'est la monographie la plus utilement pratique qui ait été publiée sur cette partie si usuelle de notre droit.

TITRE XI.—*Majorité, Interdiction, Conseil judiciaire.*

LIVRE II.—*Des Biens et de la Propriété.*

TITRE Ier.—*Distinction des biens.*

TITRE II.—*De la Propriété.*

AGNÈS. De la Propriété considérée comme principe de conservation, ou de l'Hérédité. 1840. 2 v. in-8. 14 fr.

ALLY. De la transmission de la propriété et de ses démembrements par les conventions ; loi du 23 mars 1855. in-8. 3 fr.

HAUTHUILLE (d'). Essai sur le Droit d'accroissement. 1834. in-8. 4 fr.

CHAVOT. Traité de la Propriété mobilière suivant le Code civil. 1839. 2 v. in-8. 13 fr.

COMTE. Traité de la Propriété. 1834. 2 v. in-8. 16 fr.

DUPUYNODE. Essai sur la Propriété territoriale. 1843. in-8. 4 fr.

FOELIX ET HENRION. Traité des Rentes foncières, suivant l'ordre de Pothier, d'après la législation nouvelle. 1829. in-8. 7 fr. 50

HENNEQUIN. Traité de Législation et de Jurisprudence, suivant l'ordre du Code civil. 1841. 2 v. in-8. 16 fr.

MALAPERT. Essai sur la distinction des Biens. 1844, in-8. 3 fr. 50

PROUDHON. Traité du Domaine de propriété. 1839. 3 v. in-8. 21 fr.

—Traité du Domaine public, ou de la distinction des biens considérés principalement par rapport au domaine public. 1844. 3 vol. in-8. 37 fr. 50

RIVIÈRE (H.-F.). Examen de la Propriété mobilière en France. 1854. in-8. 3 fr.

ROBERNIER. De la Preuve du droit de propriété en fait d'immeubles, etc. 1844. 2 v. in-8. 15 fr.

AFFRE. Traité de la Propriété des biens ecclésiastiques. 1837. in-8. 6 fr.

TOUSSAINT. Code de la Propriété. 1833. 2 v. in-8. 15 fr.

VAGNAT. Parallèle des lois du bâtiment et de la propriété. 1836. in-8. 7 fr. 50

TITRE III.—*Usufruit, Usage, Habitation.*

GENTY. Traité du Droit d'usufruit, d'usage et d'habitation. 1854. in-8. 6 fr.

PROUDHON. Traité des Droits d'usufruit, d'usage, d'habitation et de superficie. 2e éd., augmentée par Curasson. 1836. 7 vol. in-8.

SALVIAT. Traité de l'Usufruit, de l'Usage et de l'Habitation. 1817. 2 v. in-8.

TITRE IV.—*Servitudes.*

ASTRUC. Traité des Servitudes réelles, revu par Solon. 1843. in-12. 3 fr.

CLAUSADE. Usages locaux ayant force de loi et Topographie légale. 1843. in-8.

DELALLEAU. Traité des Servitudes établies pour la défense des places de guerre, et de la zone des frontières. 1836. in-8. 8 fr. 50

DEMOLOMBE. Traité des Servitudes ou Services fonciers. 1856. 2 vol. in-8. 16 fr.

DESGODETS. Lois des Bâtiments; nouvelle édition augmentée par Lepage. 1852. 2 v. in-8. 10 fr.

—Lois des Bâtiments ; nouvelle édition mise en rapport avec les lois et la jurisprudence modernes, par M. Destrem, Juge au tribunal de la Seine. 1845. 1 vol. in-8. 7 fr.

FOURNEL. Traité du Voisinage, considéré dans l'ordre judiciaire et administratif, et dans ses rapports avec le Code civil. 4e éd. 1834. 2 v. in-8. 14 fr.

FRÉMY-LIGNEVILLE. Traité de la Législation des bâtiments et constructions. Doctrine et jurisprudence civiles et administratives concernant les devis et marchés, la responsabilité des constructeurs, leurs privilèges et honoraires. 1848. 2 v. in-8. 16 fr.

FRÉROT. Répertoire complet des lois du voisinage dans les villes et dans les campagnes. 1848. in-8. 7 fr.

GAVINI. Traité des Servitudes. 2 vol. in-8. 1854-56. 16 fr.

JOUSSELIN (J.), Avocat au conseil d'Etat et à la Cour de cassation. Traité des Servitudes d'utilité publique, ou des Modifications apportées par les lois et par les règlements à la propriété immobilière en faveur de l'utilité publique. 1850. 2 vol. in-8. 15 fr.

LALAURE ET PAILLIET. Traité des Servitudes réelles ; nouvelle éd., revue et annotée par Pailliet. 1828. in-8. 12 fr.

LIMON. Usages et Règlements locaux du département du Finistère. 1852. in-8. 7 fr.

PAGÈS. Usages et Règlements locaux du département de l'Isère. 1 vol. in-8. 6 fr.

PARDESSUS. Traité des Servitudes ou Services fonciers. 8e éd. 1838. 2 v. in-8. 18 fr.

PERRIN. Code des Constructions et de la Contiguïté. in-8. 1848. 9 fr.

SOLON. Traité des Servitudes. in-8. 1837. 7 f.

LIVRE III. — *Manières d'acquérir la Propriété.*

TITRE Ier. — *Successions.*

CHABOT. Commentaire sur la loi des Successions, nouvelle édit. 1 fort vol. in-8. 7 fr.

—Même ouvrage, revu et augmenté par Belost-Jolimont. 1848. 2 vol. in-8. 12 fr.

—Le même. 6e éd., revue par M. Pellat. 1832. 3 vol. in-8. 12 fr.

—Même ouvrage, revu avec soin et augmenté d'une notice biographique, du sommaire, sous chaque article, des nombreuses questions traitées par l'auteur, d'annotations importantes, et d'une table alphabétique et raisonnée; par Mazerat. 1839. 2 v. in-8. 12 fr.

DESPRÉAUX. Dictionnaire général des Successions. Grand in-8. 1841.   15 fr.

FOUET DE CONFLANS. Esprit de la jurisprudence des Successions. 1839. in-8. 9 fr.

MARTIN. Traité des Successions. 1811. 2 v. in-8.   14 fr.

PAILLIET. Législation et jurisprudence des Successions, selon le droit ancien, le droit intermédiaire et le droit nouveau. 1823. 3 v. in-8.   14 fr.

POUJOL, Président à la Cour de Colmar. Traité des Successions. 1842. 2 vol. in-8.   15 fr.

VAZEILLE. Résumé et conférence des commentaires du Code civil sur les Successions, Donations et Testaments. 1847. 3 vol. in-8.   21 fr.

CHAISEMARTIN. De l'Esprit de la loi des successions en France et de son Influence sur la propriété. 1850. 1 vol. in-8. 3 fr. 50

DUTRUC. Traité du partage de Succession et des opérations et formalités qui s'y rattachent, telles que les scellés, l'inventaire, la vente du mobilier, la licitation, le retrait successoral; dans lequel sont exposés simultanément, au point de vue de la doctrine et de la jurisprudence, les principes du droit et les règles de la procédure. 1855. 1 vol. in-8.   8 fr. 50

Les difficultés auxquelles le partage de succession peut donner lieu sont innombrables. Par la nature même de leurs causes elles se reproduisent incessamment, et il n'est pas de famille qu'elles ne puissent atteindre. C'est donc l'une des matières du droit les plus pratiques, et je puis ajouter que ce n'est pas une des moins délicates.

Et d'abord, ce n'est pas à des questions de partage proprement dit, si nombreuses et si subtiles qu'elles soient, que M. Dutruc a borné son travail; il a traité encore toutes celles qui se lient à cette matière, les *scellés*, l'*inventaire*, la *vente du mobilier*, la *licitation*, le *retrait successoral*. Rien de plus simple et de plus saisissable en apparence que les divisions du traité qu'on annonce ici : 1° du partage de succession en général, sa nécessité, ses caractères; 2° du partage *amiable*, mode de sa constatation, personnes qui ont capacité pour le faire, ses formes.

L'auteur aborde ensuite le partage *judiciaire*; c'est ici que les difficultés se présentent sous toutes les faces. Ce sont : 1° les formalités préalables à la demande, scellés, inventaires, vente du mobilier; 2° l'instance en partage, capacité pour la former, etc.; 3° des opérations du partage judiciaire, expertise, etc.

Deux tables, l'une le *sommaire*, l'autre *alphabétique*, fort étendue, terminent le *Traité du partage des successions*, ouvrage véritablement utile, très-soigné et très-digne d'estime, dans lequel il manque peut-être une excursion dans le domaine de l'histoire, bien que la pratique journalière, vers laquelle l'auteur paraît avoir concentré ses efforts, s'en passe aisément.   Armand DALLOZ.

FAVARD DE LANGLADE. Manuel pour l'Ouverture et le Partage des successions. 1812. in-8.   6 fr.

NICOLAS. Manuel du partage des Successions. 1855. 1 vol. in-8.   5 fr.

BILHARD. Traité du Bénéfice d'inventaire et de l'Acceptation des successions. 1838. in-8.   7 fr. 50

L'importante matière du bénéfice d'inventaire et de l'acceptation des successions est présentée par M. Bilhard avec tous les développements qu'elle comporte. On y trouve réunies la doctrine des auteurs et la jurisprudence ancienne et moderne sur ce sujet non encore traité jusqu'à ce jour. L'auteur a fait preuve dans cet ouvrage d'un profond savoir et d'une vaste érudition. On ne pouvait rien faire de plus complet et de plus solidement pensé. On peut, au reste, se faire une juste idée de son livre par les divisions de son travail, qu'il indique lui-même dans son introduction.

LACOSTE. Manuel de Généalogie ou Manière de calculer les degrés de parenté, pour parvenir à bien faire les partages des successions. 1850. 1 vol. in-8.   6 fr.

MARTIN (CH.). Tableau général sur les degrés de parenté. 1838. Broch. in-8. 1 fr. 50.

GROS. Succession et Réserve des enfants naturels. 1844. Br. in-8.   2 fr.

KUHLMANN. De la Réserve légale en matière de succession. 1846. in-8.   3 fr.

RICHEFORT. Traité de l'État des familles légitimes et naturelles et des Successions irrégulières. 1842. 3 vol. in-8.   22 fr. 50

MALPEL. Traité élémentaire des Successions *ab intestat.* 1826-29. 1 v. in-8.   9 fr.

BENOIT. Traité du Retrait successoral. 1846. in-8.   7 fr.

BLONDEAU. Traité de la Séparation des patrimoines. 1840. In-8.   Rare.

DUFRESNE. Traité de la Séparation des patrimoines, suivant les principes du droit romain et du Code civil. 1842. in-8.   4 fr.

LESENNE. Code de la mère de famille. 1855. 1 vol. in-32.   1 fr.

RESTEAU. Traité des Droits de succession et de mutation par décès; suivi d'un Formulaire. 1848. 1 vol. in-8.   8 fr.

SIMONNET. Histoire et théorie de la Saisine héréditaire. 1852. in-8.   6 fr.

TEMPIER. De la Renonciation. 1853. in-8.   3 fr.

TISSANDIER. Traité de la Transmission des biens par succession, donation et testament. 8 vol. in-8.   25 fr.

VENANT. Code de la veuve. 1854. in-8.   7 fr. 50

TITRE II.—*Donations et Testaments.*

BEAUTEMPS-BEAUPRÉ. De la Portion de biens disponible. 2 vol. in-8. 1856. 15 fr.

BENECH. De la Quotité disponible entre époux. 2e éd. 1842. in-8.

COIN DE LISLE. Commentaire du liv. III, tit. 2, Donations et Testaments. 1855. 1 v. in-4.   20 fr.
—Limite du droit de rétention par l'enfant donataire renonçant, etc. 1852. in-8. 6 fr.
DESQUIRON. Nouveau Furgole, ou traité des Donations et des Testaments entre-vifs, 1810. 2 v. in-4.   15 fr.
FETIS. Code des Droits de succession, suivi d'un Formulaire. Liége, 1852, in-8. 3 fr.
GENTY. Traité des Partages d'ascendants. 1850. 1 vol. in-8.   5 fr.
GRENIER. Traité des Donations, des Testaments et de toutes autres dispositions gratuites. 4e édit., augmentée par M. Bayle-Mouillard. 1849. 4 v. in-8.   36 fr.
GUILHON. Traité des Donations entre-vifs. 1810. 3 v. in-8.   10 fr.
JOUAUST. De la Quotité disponible. 1851. in-8.   4 fr
LEVASSEUR. Portion disponible, ou Traité de la portion de biens dont on peut disposer. 1805. in-8.   5 fr.
NICIAS-GAILLARD. De la contribution du Légataire universel aux dettes de la société lorsqu'il est en concours avec un ou plusieurs héritiers à réserve. 1852. Br. in-8. 1 f.
POUJOL. Président à la Cour de Colmar. Traité des Donations entre-vifs et Testaments, ou Commentaire du tit. II du liv. III du Code civil. 1840. 2 vol. in-8. 12 fr.
SAINT-ESPES-LESCOT. Traité des Substitutions prohibées, etc. 1849. in-8. 8 f. 50
—De la Portion disponible et de la Réduction. 1849. in-8.   8 fr. 50
—Des Donations entre-vifs et de leur irrévocabilité. 1855. in-8.   8 fr.
ROLLAND DE VILLARGUES. Des Substitutions prohibées par le Code civil. 3e éd. 1833. in-8.   8 fr. 50
VAZEILLE. V. Successions.
VERNET. De la Quotité disponible. 1853. 1 vol. in-8.   7 fr. 50

Titre III.—Contrats et Obligations.

BOUSQUET (J.). Dictionnaire des Contrats et Obligations en matières civile et commerciale. 1840. 2 v. in-8.   16 fr.
CARRIER. Traité des Obligations. 1818. in-8.   4 fr.
POUJOL, Président de la Cour de Colmar. Traité des Obligations. 1846. 3 v. in-8. 24 fr.

Le but de M. Poujol paraît avoir été de fournir, par une large exposition de principes, par une analyse rigoureuse des discussions qui ont préparé l'adoption de la loi, les moyens de résoudre les difficultés que son application fait naître, plutôt que de donner lui-même la solution d'un plus ou moins grand nombre de ces difficultés. Sous ce rapport, sa méthode se rapprocherait plus de celle de Pothier que de celle des auteurs modernes, qui donnent une plus large place à la discussion des questions résolues par la jurisprudence, tantôt pour appuyer et tantôt pour combattre les doc-

trines qui servent de fondement à ces solutions. Le Traité des Obligations est digne de ses aînés: les Traités des Successions et des Donations; c'est un nouveau titre que M. le président Poujol vient d'acquérir à l'estime et à la reconnaissance de tous ceux qui s'occupent de l'étude et de l'application du droit.   A. CARETTE.
BÉDARRIDE. Traité du Dol et de la Fraude en matières civile et commerciale. 1852. 3 vol. in-8.   22 fr. 50
BOURGNON DE LAYRE. Traité sur les Obligations divisibles et indivisibles. 1845. in-8.   3 fr.
CAPMAS. De la Révocation des actes faits par le débiteur en fraude des droits du créancier. 1847. in-8.   5 fr.
CHARDON. Traité du Dol et de la Fraude en matières civ. et comm. 1838. 3 v. in-8. Rare.
GAUTHIER. Traité de la Subrogation des personnes, ou du Paiement par subrogation. 1853. in-8.   9 fr.
MOURLON. Traité de la Subrogation. 1848. in-8.   8 fr.
RODIÈRE. De la Solidarité et de l'Indivisibilité. 1852. in-8.   6 fr.
SOLON. Théorie sur la Nullité des actes et des conventions de tout genre, en matière civile. 2 v. in-8.   12 fr.
PLASMAN. Des Contre-Lettres considérées 1° dans leurs rapports avec les obligations en général; 2° avec les lois fiscales encore en vigueur sur cette matière; 3° avec les règles du contrat de mariage. 1839. in-8. 5 fr.
BONNIER. Traité théorique et pratique des Preuves en droit civil et en droit criminel. 1852. in-8.   9 fr.
DESQUIRON. Traité de la Preuve en matière civile. 1811. 1 vol. in-8.   7 fr.
BIRET. Manuel de tous les Actes sous signatures privées. 1836. in-18.   2 fr. 50 c.
FRÉMY-LIGNEVILLE. Dictionnaire général des Actes sous seing privé et Conventions verbales en matières civile, commerciale, etc. 2 vol. in-8. 1850.   15 fr.
LHOSTE. Manuel instructif contenant les Formules des actes sous seing-privé. 1852. in-12.   3 fr.
MALEPEYRE. Traité pratique des Actes privés. 1836. in-18.   3 fr.
PIVERT. Formulaire universel et raisonné des Actes sous seing privé, ou le Droit civil mis à la portée de tout le monde. 1844. in-8.   7 fr. 50 c.

Titre IV. — Engagements formés sans convention.

SOURDAT. Traité général de la Responsabilité ou de l'Action en dommages-intérêts en dehors des contrats, comprenant la responsabilité civile des délits prévus ou non prévus par les lois pénales, et des quasi-délits; les conditions essentielles de l'action en dommages-intérêts; la solidarité entre les auteurs d'un même fait dommageable; la compétence; le mode de saisir de l'action les tribunaux, soit civils, soit de répression ; les preuves ; les règles concernant l'exécution des condamnations sur les biens et sur la personne ; la prescription ; la responsabilité du fait d'autrui et celle des choses que l'on a sous sa garde ; la responsabilité de l'Etat et les règles de la compétence administrative et judiciaire ; la responsabilité des communes, etc. 1852. 2 vol. in-8.   16 fr.

« ..... Il y a eu, dans la création de l'œuvre dont nous venons de rendre un compte bien incomplet, du mérite et du bonheur : le mérite est dans l'exécution, à laquelle l'auteur a apporté beaucoup de travail et de soin ; le bonheur est dans le choix du sujet. C'est une matière qui confine à toutes les parties du droit civil et criminel, et qui, néanmoins, dans son infinie variété, n'offre que les applications multiples d'un principe unique, très-général et très-simple. Le sujet que M. Sourdat a entrepris de traiter réunit, en effet, ces deux conditions précieuses : l'unité et la variété.....   A. Carette. »

Titre V. — Contrat de mariage.

BELLOT DES MINIÈRES. Traité du Contrat de mariage. 1826. 4 vol. in-8.   18 fr.
—Le Contrat de mariage considéré en lui-même, ou commentaire du titre du contrat de mariage. 1853. in-8.   8 fr.
BIRET. Traité du Contrat de mariage. 1825. in-8.   7 fr.
CARRIER. Traité du Contrat de mariage. 1818. in-8.   4 fr.
ODIER. Traité du Contrat de mariage. 1846. 3 vol. in-8.   24 fr.
RODIÈRE et PONT. Traité du Contrat de mariage et des Droits respectifs des époux, relativement à leurs biens, etc. 2 vol. 1850. in-8.   16 fr.
TROPLONG, Voy. p. 3.

BATTUR. Traité de la Communauté des biens entre époux. 1829. 2 v. in-8.   16 fr.
BELLOT DES MINIÈRES. Régime dotal et Communauté d'acquêts, sous la forme de commentaire. 1851 54. 4 vol. in-8. 28 fr.
BENECH. De l'Emploi et du Remploi de la dot sous le régime dotal. 2ᵉ édit. 1847. 1 vol. in-8.   6 fr.
BENOIT. Traité de la Dot. 1846. 2 v. in-8.   10 fr.
— Traité des Biens paraphernaux. 1846. in-8.   5 fr.
BERENGER (René). De la Dot mobilière, de son caractère d'inaliénation. 1853. in-8. 4 fr.
DUTRUC. Traité de la Séparation de biens judiciaire. 1 vol. in-8. 1853.   7 fr.

Dans le livre qu'il vient de publier, M. Dutruc a essayé, sinon de résoudre toutes les difficultés de cet important sujet, du moins de les aplanir. Réunir dans un cadre analytique et logique toutes les règles de fond et de procédure qui composent ce système législatif, y mettre en saillie le fonctionnement de ces règles, y expliquer clairement leur esprit, leur but et leur portée, y traiter *in extenso* les questions soulevées par la doct...

en même temps les éclairer par les décisions de la jurisprudence, telle est la tâche qu'il s'est imposée, et dans laquelle, sans approuver toujours ses solutions, nous l'avons constamment suivi avec un véritable intérêt.
. . . . . Rien de plus logique, et nous devons ajouter de plus complet, car, sous chacun des chapitres de son ouvrage, M. Dutruc a resserré et enchaîné avec talent et bonheur tous les éléments faisant partie du titre ou s'y rattachant, en leur donnant en même temps tous les développements dont ils sont susceptibles. De telle sorte que chacun de ces chapitres présente un ensemble complet des principes, de la doctrine et de la jurisprudence, ce qui rend les recherches on ne peut plus faciles. C'est là une des conditions les plus essentielles de tout bon livre de ce genre....
. . . . Par qui et pour quelles causes la séparation de biens peut-elle être demandée ? Quelles sont les conditions essentielles de cette demande ? Comment le public doit-il être averti ? Quels changements cette séparation apporte-t-elle dans les rapports entre époux et dans ceux de la femme avec les tiers ? Tous ces points, sources abondantes des difficultés les plus graves, sont l'objet d'un examen approfondi et consciencieux de la part de M. Dutruc qui, nous l'en félicitons, ne s'est pas attaché seulement à la discussion d'espèces déjà réglées dans la pratique, mais encore s'est efforcé, en creusant son sujet, d'en faire sortir des aperçus nouveaux et des espèces nouvelles qu'il a développées et résolues avec une lucidité et une force d'argumentation incontestables.
. . . Toutes les questions traitées dans le livre de M. Dutruc le sont avec le même soin. Cette matière intéresse toutes les familles, et M. Dutruc aura rendu un éminent service, non seulement aux jurisconsultes, mais au public. Ce début révèle un homme instruit, un écrivain élégant. Espérons que M. Dutruc ne s'arrêtera pas en si bon chemin ; nous nous estimerons heureux, si notre encouragement le porte à doter la science d'un nouveau traité.   L. Cuzon. (*Siècle*).

FETIS. Des droits du mari sur les biens de la femme dans le régime de la communauté. Bruxelles, 1853. in-8.   3 fr.
HÉBERT. Défense du Régime dotal. 1843. in-8.
HOMBERT. Abus du Régime dotal au point de vue des intérêts du pays et de ceux de la famille. in-8.   3 fr. 50
MARCEL. Du Régime dotal et de la Nécessité d'une réforme. 1842. in-8.   4 fr.
MENNESSON. Essai sur les Récompenses sous le régime de la Communauté légale. 1 vol. in-8. 1853.   7 fr.
ROUSSILHE. Traité de la Dot, à l'usage du pays de droit écrit et de celui de coutume. Annoté et mis en corrélation avec le Code Napoléon et la jurisprudence moderne. 1856. in-8.   7 fr.
SÉRIZIAT. Traité du Régime dotal, sous forme d'un commentaire sur les art. du Code civil qui gouvernent ce régime. 1813. in-8.   7 fr. 50
TESSIER (Honoré). Traité sur la Dot. 1835. 2 v. in-8.   18 fr.

—Questions sur la dot. 1852. 1 vol. in-8. 5 fr.

TILLARD. Des Actes dissolutifs de communauté. 1851. in-8.	6 fr.

CUBAIN. Traité des Droits des femmes, en matières civile et commerciale. 1842. in-8.	7 fr.

LE GENTIL. Dissertation sur les Droits des Femmes en matière civile. 1856. in-8. 2 fr.

PAUL. Exposé théorique et pratique des droits du mari et de ses créanciers sur les biens de la femme. 1847. in-8.	4 fr.

SALVANDY. Essai sur l'histoire de la législation particulière aux gains de survie entre époux. 1855. in-8.	5 fr.

JOUSSELIN (H.). Des prélèvements et reprises de la femme mariée. 1855. 1 v. in-8. 3 f.

VAVASSEUR. De la Question des Reprises de la femme mariée. 1854.	1 fr.

Titre VI.—Vente.

DUVERGIER, Voy. p. 3.
TROPLONG, Voy. p. 3.

Vices rédhibitoires.

ARBAUD. Des Vices rédhibitoires. 1840. in-8.	3 fr. 50.

CHAVOT. Traité de la Garantie des vices rédhibitoires. 1841. in-18.	2 fr. 50

DEJEAN. Traité théorique et pratique de l'Action rédhibitoire dans le commerce des animaux domestiques, etc. 1856. in-12. 3 fr.

GALISSET, ancien Magistrat ; **GALISSET** (Arm.), Substitut, et **MIGNON (J.)**, Docteur en médecine. Nouveau Traité des Vices rédhibitoires et de la Garantie dans les ventes et échanges d'animaux domestiques, d'après le Code civil et la loi modificative du 20 mai 1838, etc. 2e éd., 1852. 1 v. in-8. 6 f.

HUZARD (J.-D.), Médecin vétérinaire, et **HAREL (A.)**, Avocat. De la Garantie et des Vices rédhibitoires dans le commerce des animaux domestiques, d'après la loi du 20 mai 1838. Nouv. edit., entièrement refondue. 1844. 1 vol. in-12.	3 fr. 50

JAUZE. Médecine légale hippiatrique, ou Guide du commerce des animaux domestiques. 1858. In-8.	7 fr.

LAVENAS. Nouveau Manuel des Vices rédhibitoires d'après la loi du 20 mai 1838. in-12.	3 fr. 50.

Titre VII.—Échange.

TROPLONG et **DUVERGIER**, page 3.

Titre VIII.— Louage.

AGNEL. Code-Manuel des Propriétaires, Locataires, Fermiers, etc. 1848. in-12. 3 fr. 50

AULANIER. Domaine congéable. 1848. 1 vol. in-8.	7 fr.

DUVERGIER, Voy. p. 3.

FARINE. Code des Hôtels meublés, ou Code des Hôteliers, Aubergistes, etc. 1849. in-8.	2 fr.

MARC-DEFFAUX. Manuel des Propriétaires, des Usagers, Locataires, etc. 1852. in-12.	6 fr.

MASSON. Traité des Locations en garni. 1847. in-8.	8 fr.

MEPLAIN. Traité du Bail à portion de fruits ou colonage partiaire. 1850. 1 vol. in-8. 6 fr.

PERRIN. Codes du Propriétaire de constructions, des Architectes, Entrepreneurs, Maîtres, Ouvriers, etc. 1845. 1 vol. in-12. 2 fr.

TROPLONG. De l'Echange, etc. Voy. p. 3.

VANHUFFEL. Traité du Contrat de louage et de dépôt, appliqué aux voituriers, entrepreneurs de messageries, de roulage, aux maîtres de bateaux, etc. 1841. in-8.

Titre IX.—De la Société.

TROPLONG et **DUVERGIER**, page 3.

Titre X.—Du Prêt.

BENTHAM. Défense de l'Usure. 1828. in-8.	6 fr.

CHARDON. De l'Usure dans l'état actuel de la législation. 1823. in-8.	3 fr.

MÉMOIRE sur les Motifs qui doivent déterminer le Gouvernement à modifier les lois sur l'usure; par N. M. 1852. 1 v. in-8. 2 fr.

PETIT. Traité de l'Usure, etc. 1840. in-8.	5 fr.

Titre XI.—Dépôt, Séquestre.

TROPLONG et **DUVERGIER**, page 3.

Titre XII.— Contrats aléatoires.

TROPLONG, Voy. p. 3.

Titre XIII.—Mandat.

TROPLONG, Voy. p. 3.

Titre XIV.—Cautionnement.

PONSOT. Traité du Cautionnement civil et commercial. 1844. in-8.	7 fr. 50 c.

Il n'est guère de matière plus usuelle que celle qui fait l'objet de ce traité, et cependant jusqu'à ce jour personne ne s'en est occupé. M. Ponsot, jurisconsulte consciencieux et éclairé, a consacré plusieurs années à ce travail et a réuni dans un seul volume écrit avec facilité et précision toutes les notions, toutes les doctrines ou décisions susceptibles d'éclairer les doutes et de fixer l'esprit sur les contestations que peut faire naître la matière.

TROPLONG, Voy. p. 3.

Titre XV. — Transactions.

MARBEAU. Traité des Transactions. 1855. in-8.	5 fr.

RIGAL. Traité des Transactions. 1834. in-8.	3 fr.

TROPLONG, Voy. p. 3.

Titre XVI.—Contrainte par corps.

BAYLE-MOUILLARD (J.-B.). De l'Emprisonnement pour dettes. 1836. in-8. 7 fr. 50.

CADRÈS. Code-Manuel de la Contrainte par corps et de l'Emprisonnement pour dettes. 1842. in-12.	3 fr. 50.

COIN DE LISLE. Commentaire sur la Contrainte par corps. 1843. in-4.	6 fr.

DURAND. Commentaire de la loi du 13 novembre 1848 sur la Contrainte par corps. 1850. In-8. 6 fr. 50

DUVERDY (D.-C.). Dissertation sur la Contrainte par corps, sur son histoire et son application en matière civile. 1853. in-8. 3 fr.

FOELIX. Commentaire sur la loi du 17 avril 1832, relative à la Contrainte par corps. 1832. in-8. 4 fr.

LALOU. De l'Emprisonnement pour dettes en matière civile, etc. 1856. in-18. 4 fr.

MARSONNIÈRE (Leviel de la). Histoire de la Contrainte par corps. 1844. in-8. 6 fr.

TROPLONG, Voy. p. 4.

TITRE XVII.—Nantissement.

TROPLONG, Voy. p. 4.

BENECH. Nantissement appliqué aux droits et reprises de la Femme mariée. 1855. in-8. 3 fr. 50

TITRE XVIII.—Priviléges et Hypothèques.

BATTUR. Traité des Priviléges et Hypothèques; 2e éd. 1823. 4 v. in-8. 14 fr.

BENECH. Du Droit de préférence en matière de purge des hypothèques légales dispensées d'inscription et non inscrites, etc. in-8. 1853. 3 fr.

BERTAULD. De l'Hypothèque légale des femmes mariées. in-8. 1852. 3 fr. 50
— De la Subrogation à l'hypothèque légale des femmes mariées. 1 vol. in 8. 1853. 4 fr.

CARRIER. Traité des Hypoth. 1818. in-8. 4 f.

CASIER. Etudes sur la nouvelle loi hypothécaire. Bruxelles. 1854. in-8. 9 fr.

COTELLE. Des priviléges hypothécaires, ou Explication du titre 18 du livre 3 du Code civil. 1820. in-8. 6 fr.

DESPRÉAUX. Dictionnaire général des Hypothèques. 1841. in-8. 15 fr.

FAVARD DE LANGLADE. Traité des Priviléges et Hypothèques. 1812. in-8. 7 fr.

GRENIER. Traité des Hypothèques. 3e édit. 1829. 2 v. in-4. 26 fr.

GROSSE. Commentaire sur la loi de la Transcription. 2e édit. 1856. 1 vol. in-8. 6 fr.

GUICHARD. Jurisprudence hypothécaire. 1810. 4 v. in-8. 10 fr.
— Législation hypothécaire. 1810.5 v. in-8.10 f.

HERVIEU. Résumé de jurisprudence sur les Priviléges et Hypothèques. 2e éd. 1846.15 fr.
— Interprétation de la loi du 23 mars 1855 sur la Transcription hypothécaire. 1856. in-8. 4 fr.

LEMARCIS. Commentaire de la loi sur la Transcription hypothécaire. 1 vol. in-8. 1855. 2 fr.

LESENNE. Commentaire théorique et pratique de la loi du 23 mars 1855 sur la transcription en matière hypothécaire. 1856. 1 v. in-8. 3 fr.

MOURLON. Examen critique et pratique du Commentaire de M. Troplong sur les Priviléges. 2 vol. in-8. 1855. 14 fr.

PERSIL (J.). Questions sur les Priviléges et

Hypothèques, Saisies immobilières et Ordres. 1820. 2 v. in-8. 10 fr.
— Régime hypothécaire. 4e édit. 1853. 2 vol. in-8. 10 fr.

PONT et **MARCADÉ.** Voy. p. 3.

RIVIÈRE et **HUGUET.** Questions théoriques et pratiques sur la Transcription hypothécaire. 1856. 1 v. in-8. 6 fr.

RIVIÈRE et **FRANÇOIS.** Explication de la loi sur la Transcription hypothécaire. 1855. 1 vol. in-8. 5 fr.

SAINT-LANNE PESSALIER. Code du 23 mars 1855 sur la Transcription en matière hypothécaire. Un tableau in-folio. 1856. 3 fr.

SELLIER. Commentaire de la loi du 23 mars 1855 sur la Transcription hypothécaire. 1856. 1 v. in-18. 5 fr.

TENIN. Essai de Commentaire sur la loi hypothécaire. 1856. in-8. 1 fr. 50 c.

TROPLONG. Commentaire de la loi sur la Transcription hypothécaire. 1856. 1 vol. in-8. 9 fr.

VALETTE. De l'Effet ordinaire de l'Inscription en matière de priviléges sur les immeubles. 2e éd. 1843. in-8. 3 fr.

BAUDOT. Traité des Formalités hypothécaires et de leur accomplissement. 3e édit. 1845. 2 vol. in-8. 15 fr.

DELAMONTRE. Traité du Prêt sur hypothèque (nouvelle édition), suivi d'un Mode de garantie pour le paiement exact des intérêts, renfermant le Mode de prêt par voie de vente à réméré, et contenant les Formules de toutes les espèces d'actes en matière de prêt sur immeubles. 1847. 1 vol. in-8. 6 fr. 50 c.

DUFRAYER. Manuel du Prêteur sur hypothèque. 4e éd. 1858. in-18. 2 fr. 50 c.

ANTHOINE DE SAINT-JOSEPH. Concordance entre les lois hypothécaires étrangères et françaises; ouvrage contenant les Textes et Résumés des lois hypothécaires de 53 pays. 1847. 1 vol. gr. in-8. 12 fr.

ALLEMAND. Examen du Régime hypothécaire établi par le Code civil et des améliorations dont il est susceptible. 1847. in-8. 3 fr. 50 c.

BARRE. Du Crédit et des Banques hypothécaires. 1849. 1 vol. in-8. 6 fr. 50

COLLAS. Etude analytique du Code civil, considéré spécialement en ce qui intéresse les priviléges et hypothèques, contenant 84 modèles d'inscriptions commentées. 1859. in-8. 3 fr.

DECOURDEMANCHE. Du Danger de prêter sur hypothèque et d'acquérir des immeubles. 3e éd. 1850. in-8. 7 fr.

DOCUMENTS relatifs au Régime hypothécaire et aux Réformes qui ont été proposées; publiés par ordre du Gouvernement. 1844. 3 v. in-8. 21 fr.

FOUET DE CONFLANS. De la Réforme hypothécaire; examen analytique des observations présentées par les Cours et les facultés de droit sur le projet de réforme du système hypothécaire. 1848. in-8. 7 fr. 50 c.

HAUTHUILLE (D'). De la Réforme du système hypothécaire. in-8. 1843. 4 fr.

HÉBERT. De quelques Modifications importantes à introduire dans le régime hypothécaire. 1841. in-8. 6 fr.

JOSSEAU. Traité du Crédit foncier ou Explication théorique et pratique de la législation relative au Crédit foncier en France, avec le texte des décrets, lois, rapports, circulaires, statuts, instructions pour l'examen des titres et la vérification de la valeur des biens, formules d'actes, modèles de demandes d'emprunt et d'obligations foncières, tarifs d'annuité et tables d'amortissement ; suivi d'un Exposé de l'organisation des institutions de Crédit foncier dans les divers États de l'Europe, etc. 1853. 1 fort vol. in-8. 8 fr.

« C'est surtout à M. Josseau qu'il appartenait de faire un livre sur le crédit foncier, surtout un livre à la fois théorique et pratique. — Ses importantes publications sur cette matière, la large part qu'il a prise aux travaux législatifs comme membre ou rapporteur des commissions instituées à cet effet par le Gouvernement, lui ont permis de faire facilement un livre complet et dont l'utilité est assez démontrée par la nouveauté des matières qui font l'objet de ses œuvres. — On ne saurait sérieusement s'occuper du *Crédit foncier* sans consulter le livre de M. Josseau. L. M. »

LEVITA. De la Réforme hypothécaire en France. 1 vol. in-8. 1852. 5 fr.

LOREAU. Du Crédit foncier et du moyen de le fonder, ou Création d'un système hypothécaire appuyé sur le cadastre, etc. 1841. in-8. 6 fr.

ODIER. Des Systèmes hypothéc. 1840. in-12. 4 f.

SAINT-NEXENT. De la Réforme du régime hypothécaire. 1843. 1 v. in-8. 7 fr. 50 c.

WOLOWSKI. De l'Organisation du Crédit foncier. 1848. in-8. 2 fr. 50 c.

Titre XIX.—*Expropriation forcée.*

LACHAIZE. Traité de la Vente des immeubles par expropriation forcée. 1829. 2 vol. in-8. 10 fr.

Titre XX. — *Prescription.*

ALLARD. Voy. p. 49.

BOUSQUET (J.). Dictionnaire des Prescriptions en matières civile, commerciale, criminelle, etc. 1838. in-8. 6 fr.

DELAPORTE. Nouveau Dunod, ou Traité des Prescriptions. 1810. in-8. 5 fr.

MARCADÉ. Voy. p. 3.

TROPLONG, Voy. pag. 4.

VAZEILLE. Traité des Prescriptions suivant les nouveaux Codes français. 2e éd. 1832, 2 v. in-8. 12 fr.

CODE DE PROCÉDURE.

Motifs.

LOCRÉ. Esprit du Code de procédure civile. 1816. 5 v. in-8. 15 fr.

Ouvrages généraux.

CODE DE PROCÉDURE ANNOTÉ de Sirey, contenant la Jurisprudence depuis 1789 jusqu'à ce jour et la doctrine des auteurs; par P. GILBERT, rédacteur du Recueil général des Lois et des Arrêts. 1 vol. gr. in-8 (V. page 1). 15 fr.

AUGER. Traité élémentaire de Procédure civile. 1828. 2 v. in-8. 10 fr.

BERRIAT-ST-PRIX (Jacques). Cours de Procéd. civ. et crim., 7e éd., refondue et mise au courant de la Législation, par Félix BERRIAT-ST-PRIX, avocat, 1855. 3 vol. in-8. 12 fr.

BIOCHE. Dictionnaire de Procédure civile et commerciale, 3e édit. 1856. 6 vol. in-8. 48 f.

—*Journal de Procédure,* Voy. p. 29.

BOITARD. Leçons sur le Code de procédure civile, publiées par G. de Linage; revues et augmentées par Colmet d'Aage. 6e édit. 1854. 2 v. in-8. 17 fr.

BONCENNE ET BOURBEAU. Théorie de la Procédure civile, précédée d'une introduction. 2e éd. 1837-44. 6 vol. 45 fr.

BONNIN (P.). Commentaire de la Procédure civile, contenant l'explication de chaque article du Code de procédure. in-8. 8 fr.

BOUCHER. Traité de la Procédure civile et des tribunaux de commerce. 1808. in-4. 10 fr.

CARRÉ et CHAUVEAU. Lois de la Procédure Civile ; 3e édition, dans laquelle ont été examinées et discutées : 1° les opinions de M. Carré; 2° toutes les décisions rendues de 1821 à ce jour; 3° les questions prévues par MM. Boncenne, Thomine-Desmazures, Dalloz, Boitard, etc.; avec une *Table générale et alphabétique des matières*, formant un Dictionnaire abrégé de Procédure résumant l'ouvrage tout entier.—8 vol. in-8.— Prix, 60 fr. — Se vend séparément : le tome 5 (2 vol. in-8), sous le titre de CODE DE LA SAISIE IMMOBILIÈRE, et de toutes les ventes judiciaires des biens immeubles, ou Commentaire de la loi du 2 juin 1841. 2 v. in-8. Prix, 15 fr.

En somme, les *Lois de la Procédure* de Carré, telles qu'elles nous sont offertes aujourd'hui par M. Chauveau, avec l'immense travail qui lui est propre, sont, nous ne craignons pas de l'affirmer, l'ouvrage le *plus complet* et le plus *sûr* que l'on puisse consulter sur les difficultés de la procédure. Ce qu'on ne trouverait pas là, nous doutons qu'on puisse le trouver ailleurs.

L.-M. DEVILLENEUVE.

CHAUVEAU-ADOLPHE, Professeur à la Faculté de droit de Toulouse. Dictionnaire général et complet de Procédure, dans un double ordre chronologique et alphabétique, contenant tous les arrêts, lois, décrets et ordonnances rendus et publiés depuis 1800 jusqu'en 1837, renvoyant aux recueils de jurisprudence et aux auteurs de procédure. 1 fort vol. in-8 à 3 colonnes.   12 fr.

—*Journal des Avoués*, Voy. p. 27.

DELZERS. Cours de Procédure civile et criminelle. 1844-51. 2 vol. in-8 parus.   15 fr.

DEMIAU. Explication sommaire du Code de procédure civile. 1828. in-8.   6 fr.

—Éléments du Droit et de la Pratique, ou Instruction sur la Procédure par principes. 1811. in-4.   15 fr.

NICIAS GAILLARD. Traité des Copies de pièces. 1852. In-8.   2 fr.

PIGEAU. La Procédure civile des tribunaux de France. 5e éd. revue par Crivelli. 1838. 2 vol. in-4.   15 fr.

—Introduction à la Procédure. 6e éd., revue par Poncelet. 1841. 1 v. in-18.   3 fr. 50

RAUTER. Cours de Procédure civile fait à la Faculté de Strasbourg. 1834. in-8.   8 fr.

ROGRON. Code de Procédure expliqué, 9e éd. 1854. 2 vol. in-18.   15 fr.

THOMINES-DESMAZURES. Commentaire sur le Code de Procédure civile. 1832. 2 vol. in-4.   30 fr.

Traités suivant l'ordre du Code.

Ire PARTIE.—*Compétence des tribunaux et Organisation judiciaire.*

CARRÉ, de Rennes. Traité des lois sur l'Organisation judiciaire et de la Compétence des juridictions civiles; revu par M. V. Foucher, conseiller à la Cour de cassation. 1839. 9 vol. in-8.   35 fr.

La haute réputation que s'est acquise M. Carré par ses ouvrages nous dispense de dire par quelles qualités se recommande le *Traité de l'organisation judiciaire et de la compétence*. Toutefois, nous devons faire remarquer que cet ouvrage a acquis un plus haut degré de supériorité par les annotations savantes et raisonnées de M. Foucher. Cet habile jurisconsulte a, par les additions dont il a enrichi ce traité, replacé l'œuvre de M. Carré au niveau de la doctrine et de la jurisprudence. On peut assurer, sans crainte d'être contredit, que M. Foucher n'est pas resté, dans son travail, au-dessous de son modèle.

BONNIER. Éléments d'Organisation judiciaire et de procédure civile. 2 v. in-8. 1847-48.—Au lieu de 14 fr.,   4 fr.

La nouvelle édition de ce livre, indiquée ci-après, consiste dans l'adjonction d'une soixantaine de pages, placées en tête et à la fin du premier volume.

BONNIER. Éléments d'Organisation judiciaire. 1853. in-8.   9 fr.

—Éléments de Procédure civile. 1853. in-8.   9 fr.

RODIÈRE. Exposition raisonnée des lois de la Compétence et de la Procédure en matière civile. 1842. 3 v. in-8.   22 fr. 50

REGNARD. De l'Organisation judiciaire et de la Procédure civile en France. 1855. 1 vol. in-8.   8 fr.

LIVRE Ier.— *Justice de paix.*

ALLAIN. Manuel Encyclopédique, Théorique et Pratique des Juges de paix, de leurs Suppléants, Greffiers et Huissiers audienciers, ou Traité général et raisonné de leur compétence judiciaire et extrajudiciaire, civile et criminelle; contenant : 1° des explications développées de Droit et de Pratique, tirées des débats parlementaires, de la Doctrine et de la Jurisprudence; 2° les Formules variées de tous les actes de leur ministère; 3° un Extrait des Codes; et 4° un Recueil chronologique des lois, décrets, arrêtés, circulaires et instructions ministérielles y relatifs, de 1607 à 1853. 2e édit. 1853, 3 vol. in-8.   22 fr. 50

Style clair et précis, grandes recherches, rien d'omis, c'est bien l'ouvrage le plus complet et le plus utile qui ait paru sur les justices de paix. C'est en ce sens que j'en ai parlé à M. le premier président Troplong, qui partage mon avis à cet égard.

(M. GRANDET, conseiller à la Cour de cassation.)

AUGIER. Encyclopédie des Juges de paix. 1833-38. 6 v. in-8.   35 fr.

— et **LEIGNADIER.** Formulaire complet et raisonné des Tribunaux de paix et de simple police. 1847. in-8.   5 fr.

BAUDOUIN. Code spécial de la Justice de paix, par ordre alphabét. 1841. in-8. 3 f. 50 c.

BENECH. Traité des Justices de paix et des tribunaux de 1re instance, d'après la loi du 25 mai 1838. 2e édit. 2 vol. in-8.   15 fr.

BIOCHE. Dictionnaire des Justices de paix et de simple police, etc. 1851. 2 v. in-8. 16 fr.

BIRET. Nouveau manuel des Justices de paix, par Levasseur; nouv. édit. augmentée d'un Commentaire sur la loi du 25 mai. in-8. 6 fr.

—Recueil général et raisonné de la Jurisprudence et des Attributions des Justices de paix de France. 4e éd. 1839. 2 v. in-8.   14 fr.

— Procédure complète et méthodique des Justices de paix de France. 4e éd. in-12.   4 fr.

CAROU. De la Juridiction civile des Juges de paix. 2e édit. annotée et augmentée de formules par M. Bioche. 1843. 2 v. in-8. 15 fr.

CARRÉ. Droit français, dans ses rapports avec la juridiction des justices de paix; édit. revue par M. Victor Foucher, et augmentée de la loi du 25 mai 1838. 5 v. in-8.   25 fr.

CÈRE (Paul). Manuel du Juge de paix. 1853. in-12.   4 fr.

CURASSON. Traité de la Compétence des juges de paix. 3e éd., 1854. 2 v. in-8.   17 fr.

—Supplément à la 1re éd. de la Compétence des juges de paix. in-8.   4 fr.

DUVERGER, Conseiller. Manuel criminel des Juges de paix. 2e édit. V. p. 22.

FOUCHER (Victor). Commentaire des lois des 25 mai et 11 avril 1838, relatives aux Justices de paix et aux Tribunaux de première instance. 1839. in-8. 7 fr. 50

HENRION DE PANSEY. Compétence des Juges de paix, avec la nouvelle Loi de 1838 annotée. 1843. Grand in-8. 4 fr.

V. pour les œuvres complètes les mots : *Œuvres de divers,* p. 50.

JAY. Formulaire et Manuel des Justices de paix. 1854. 1 vol. in-8. 8 fr.
—Nouveau Traité de la Compétence des juges de paix. 1848. 1 vol. in-8. 7 fr. 50
—Répertoire général de la Science des juges de paix. 1850. 5 vol. in-8. 40 fr.
—Bulletin des Lois des Justices de paix, recueil chronologique des édits, décrets, lois, etc., depuis 1563. 1852. 2 vol. in-8. 14 fr.
—Dictionnaire général des Justices de paix. 2 vol. in-8. 1855. 12 fr.
—Annales des Justices de paix de 1850 à 1856, faisant suite au *Répertoire général.* 7 vol. in-8. 50 fr.
—*Abonnement à l'année courante.* 9 fr.

LEPAGE. Nouveau Traité et Style de la Procédure civile dans les justices de paix, les tribunaux de première instance, etc. 5ᵉ édit. 1811. in-4. 18 fr.

LONGCHAMPT. Dictionnaire des Justices de paix. 1842. in-8. 6 fr.
—Formulaire d'Actes à l'usage des juges de paix. 1840. in-18. 2 fr.

VAUDORÉ. Le Droit civil des juges de paix. 1846. 3 vol. grand in-8. 24 fr.

Actions possessoires et Bornage.

ALAUZET. Histoire de la Possession et des Actions possessoires en droit français, précédée d'une introduction sur le Droit de propriété; ouvrage couronné par l'Institut (Académie des sciences morales et politiques). 1849. 1 vol. in-8. 7 fr.

AULANIER. Traité des Actions possessoires. 1829. in-8. 7 fr.

BELIME. Traité du Droit de possession et des Actions possessoires. 1842. in-8. 7 fr. 50

CAROU. Principes ou Traité théorique et pratique des Actions possessoires. 3ᵉ édit. (*Sous presse*). 8 fr.

CRÉMIEU. Des Actions possessoires en droit romain et en droit français. 1846. in-8. 7 fr.

CURASSON. Traité des Actions possessoires et du Bornage. 1842, in-8. 7 fr. 50

GARNIER (X). Traité de la Possession et des Actions possessoires. 1853. 2 v. in-8. 12 fr.

JOCCOTON. Des Actions civiles, envisagées sous le double rapport de la théorie et de la pratique. 1846. 1 vol. in-8. 7 fr.

MILLET. Traité du Bornage et de la Compétence des actions qui en dérivent. 2ᵉ éd. 1847. 1 vol. in-8. 7 fr. 50

Cet ouvrage a été l'objet de nombreux comptes rendus publiés dans divers journaux. Les éloges qui ont été donnés à ce livre ne laissent plus de doute sur sa grande utilité. — C'est le premier traité spécial qui ait paru sur la matière. La première édition a été épuisée en moins d'une année.

MIROY. Théorie des Actions possessoires. 1 vol. in 8. 1853. 6 fr.

MOLITOR. Traité de la possession, de la revendication. 1851. in-8. 8 fr.

PARIEU (DE). Etudes historiques et critiques sur les Actions possessoires. 1850. In-8. 4 f.

PONCET. Traité des actions. 1817. 1 vol. in-8. 4 fr.

SMITH. De l'origine de la Possession annale, etc. 1854. in-8. 3 fr. 50

Experts.

ROZIÉ. Le Guide des Experts, etc. 1851, in-12. 3 fr. 50

VASSEROT. Manuel des Experts en matière civile. 1846. in-8. 7 fr.

LIVRE II.—*Tribunaux inférieurs.*

BENECH. Traité des Tribunaux civils, d'après la loi du 11 avril 1838. in-8. 7 fr. 50 c.

BERTIN. Voy. p. 36.

FOUCHER, Voy. ci-contre.

Jugements.

PONCET. Traité des Jugements. 1822. 2 v. in-8. 12 fr.

Greffes.

PERRIN (L.). Essai sur le Travail des greffes. 1824-38. 2 v. in-4. 35 fr.

JAY. Manuel des Greffiers de justices de paix, 1853. 1 vol. in-12. 3 fr. 50

SALME. Traité des greffes-greffiers. 1854. 1 vol. in-12. 5 fr.

Formulaires de procédure.

BIOCHE. Formulaire de Procédure civile et commerciale. Nouv. édit. 1854. in-8. 8 fr.

CARDON ET PÉCHARD. Formulaire général, ou Modèles d'actes rédigés sur chaque article du Code de procédure civile. 5ᵉ édit. 1842. 2 v. in-8. 13 fr.

CHAUVEAU ADOLPHE, Professeur à la Faculté de droit de Toulouse. Formulaire général et complet ou Traité pratique de Procédure civile et commerciale, annoté de toutes les opinions émises dans les *Lois de la Procédure civile* et dans le *Journal des Avoués;* revu par M. GLANDAZ, président honoraire de la Chambre des avoués de Paris. 1854. 2 forts vol. in-8 compactes, format des Lois de la Procédure. 16 fr.

Ce formulaire est le complément des Lois de la procédure; l'auteur l'a rédigé sur le plan que s'était tracé M. Carré lui-même, et dont ce savant professeur parle, t. 1ᵉʳ, pag. xi de la préface. M. Carré appelait son formulaire un *Traité pratique de Procédure.* Nous lui avons conservé ce titre.

M. Nicias Gaillard, premier avocat général à la Cour de cassation, a bien voulu donner son opinion dans le journal le *Droit.* Nous regrettons de ne pouvoir reproduire ici les termes de cette opinion si savamment et si favorablement exprimée.

JEANNIN. Formulaire de Procédure civile et commerciale. 1854. in-8. 6 fr.

Exceptions.

GOUBEAU DE LA BILLENNERIE. Traité des Exceptions en matière de procédure civile. 1823. in-8.   8 fr.

LEMERLE. Traité des fins de non-recevoir. 1819. 1 vol. in-8.   6 fr.

Péremption d'instance.

REYNAUD ET DALLOZ aîné. Traité de la Péremption d'instance en matière civile. 1837. in-8.   7 fr.

LIVRE III.—Cours d'appel.

FRÉMINVILLE. Traité de l'Organisation et de la Compétence des Cours d'appel en matières civile et disciplinaire, ou Traité complet de l'Appel. 1848. 2 v. in-8.   15 fr.

RIVOIRE. Traité de l'Appel et de l'Instruction sur l'appel. in-8. 1844.   8 fr.

TALANDIER. Traité de l'Appel en matière civile. in-8. 1839.   7 fr. 50 c.

LIVRE IV.—Voies extraordinaires contre les jugements.

CHAUVEAU, Voy. p. 12.

LIVRE V. — Exécution des jugements.

Saisie-arrêt.

ROGER. Traité de la Saisie-Arrêt. 1837. 1 v. in-8.   Rare.

Saisie immobilière.

CHAUVEAU. Code de la Saisie immobilière et Commentaire de la loi du 2 juin. 1841. 2 vol. in-8.   15 fr.
Cet ouvrage est extrait des *Lois de la Procédure.*
   La loi du 2 juin 1841 est une des lois les plus importantes qui aient été promulguées dans ces derniers temps; aussi tous les légistes attendaient-ils avec impatience un commentaire complet de cette loi émané d'un jurisconsulte habile. M. Chauveau s'est hâté de répondre à ces désirs universels, et tous les amis de la science doivent lui en savoir gré. Si le commentaire de M. Chauveau ne peut être classé parmi les livres en petit nombre qu'on aime à lire et à relire à ses heures de loisir, il doit au moins être de la plus grande utilité à tous les légistes qui concourent de près ou de loin à l'application de la loi sur les ventes judiciaires, principalement aux avoués; à ce titre, il ne peut qu'obtenir un grand succès et étendre la réputation que les nombreux travaux de M. Chauveau lui ont déjà si justement acquise.—Cet ouvrage forme le 5e vol. des *Lois de la Procédure.* A. RODIÈRE, *Prof. de proc. à Toulouse.*

PAIGNON. Commentaire théorique et pratique sur les Ventes judiciaires de biens immeubles, d'après la loi du 2 juin 1841. 2 v. in-8.

PERSIL (Eug.). Commentaire de la loi du 2 juin 1841, sur les Ventes judiciaires de biens immeubles. in-8.   7 fr.

PETIT, Président de Chambre à la Cour impériale de Douai. Traité des Surenchères, contenant la Législation, la Doctrine, la Jurisprudence et la Procédure relatives au droit de surenchère. 1848. 1 v. in-8. 7 f. 50

Emprisonnement.

Voy. *Contrainte par corps,* p. 10.

Référés.

BILHARD. Traité des référés en France, tant en matière civile qu'en matière de commerce. 1834. in-8.   7 fr.

DEBELLEYME. Ordonnances sur requêtes et sur référés, selon la jurisprudence du tribunal de 1re instance du département de la Seine. Recueil de formules suivies d'observations pratiques. 3e édit. entièrement refondue et considérablement augmentée. 2 vol. in-8. 1855.   16 fr.

IIe PARTIE. — Procédures diverses.

LIVRE Ier.

LIVRE II.— Procédure relative à l'ouverture d'une succession.

DUTRUC, Voy. p. 6.

JAY. Traité des Scellés, des Inventaires et des Prisées en matière civile, etc. 1854. In-8. 7 f.

LIVRE III.—Arbitrages.

ARBITRES(Manuel des). 2e éd. 1845. in-8. 8 f.

BELLOT DESMINIÈRES. Commentaire sur l'Arbitrage volontaire et forcé. 1838. 3 vol. in-8.   18 fr.

GOUBEAU DE LA BILLENNERIE. Traité général de l'Arbitrage en matière civile et commerciale. 1832. 2 v. in-8.   12 fr.

JAY ET LEHIR. Manuel théorique et pratique de l'Arbitrage, ou traité de l'Arbitrage volontaire et forcé. in-18, 1843.   4 fr.

JULIENNE. Traité de l'Arbitrage forcé. 1851. in-8.   2 fr.

MONGALVI, Traité de l'Arbitrage en matière civile et commerciale. 1832. 2 vol. in-8.   10 fr.

Nullités.

BIRET. Traité des Nullités de tous genres de droit et de forme admises en matière civile, etc. 1821. 2 v. in-8.   14 fr.

PERRIN. Traité des Nullités en matière civile. 1816. in-8.   5 fr.

CHAFFIN. Régulateur et Indicateur judiciaire, civil, criminel et commercial, des délais à observer à raison des distances de tous les tribunaux entre eux. 1842. in-8. 9 fr.

CHARDON. Réformes désirables sur la Procédure. 1837. in-8.   2 fr. 50 c.

SOUQUET. Voy. p. 30.

TARIF CIVIL.

BONNESOEUR. Nouveau Manuel de la Taxe en matière civile, ouvrage contenant le Tarif des Avoués, des Notaires, des Juges de paix, des Greffiers, des Huissiers, des Agréés et des Conservateurs des hypothèques. 1857. 1 vol. in-8.   6 fr.

BOUCHER-D'ARGIS, Conseiller. Nouveau Dictionnaire raisonné de la Taxe en matière civile, suivi du texte des Tarifs et des Ordonnances qui s'y rattachent; à l'usage de toutes les Cours et de tous les Tribunaux. 1844. 1 vol. in-8. 8 fr.

Il a déjà été publié plusieurs ouvrages sur le Tarif des frais en matière civile. Nous n'entendons pas en contester le mérite; mais celui que nous offrons en ce moment au public a peut-être sur ceux-là ce double avantage d'être d'abord l'œuvre d'un magistrat qui a fait une étude particulière de cette matière, et qui a constamment joint la pratique à la théorie, et d'être ensuite tout à la fois un Cours abrégé de procédure et un Commentaire de la Taxe. Outre la solution d'une foule de questions nouvelles, on y trouvera plusieurs articles que l'on chercherait en vain dans les autres traités, tels que *Délaissement par hypothèque*, *Distraction de dépens*, *Droits d'enregistrement*, *Expropriation pour cause d'utilité publique*, *Signification de jugement*, *Succession irrégulière*, *Taxe des dépens*, etc. Des calculs tous faits et appropriés aux diverses juridictions, permettent de connaître de suite l'émolument de chaque acte de procédure; et au moyen de l'ordre alphabétique qui a été adopté, cet acte lui-même est trouvé sans beaucoup de recherches. Enfin, l'auteur n'a rien négligé pour aplanir les difficultés, et rendre la taxe aussi prompte que facile, même aux plus inexpérimentés.

CARRÉ (N.), Conseiller à Paris. La Taxe en matière civile, contenant les tableaux de chaque procédure, etc., avec un supplément par Tripier. 1842-52. In-8. 11 fr.

CHAUVEAU. Commentaire du Tarif en matière civile, dans l'ordre des articles du Code de procédure civile, etc. 2 v. in-8. Rare.

FONS. Les Tarifs en matière civile annotés des frais et dépens devant les juges de paix et les tribunaux de 1re instance. 1842. in-8. 6 fr. 50

JEANNIN. Tarif des frais et émoluments des avoués 1854. in-8. 3 fr. 50

PAIGNON. Commentaire de l'ordonnance du 18 octobre 1841, réglant la taxe des actes pour les ventes judiciaires de biens immeubles. 1 vol. in-8. 1855. 3 fr.

RIVOIRE. Dictionnaire raisonné du Tarif des frais et dépens en matière civile; à l'usage de chaque Cour, tribunal civil, de commerce. 5e éd., augmentée. 1 très-gros vol. in-8. 1844. 8 fr.

SUDRAUD - DESISLES. Manuel du Juge taxateur, etc. 1827. 2e éd. in-8. 7 fr.

TEULET ET LOISEAU. Tarif des Actes de procédure, expliqué par le rapprochement des textes, etc. 1847. 5e tirage. in-8. 6 fr.

CODE DE COMMERCE.

Motifs.

LOCRÉ. Esprit du Code de commerce. Nouvelle éd. 1829. 4 vol. in-8. 15 fr.

Ouvrages généraux.

ALAUZET. Commentaire du Code de commerce et de la Législation commerciale. 1856-57. 4 vol. in-8. 32 fr.
2 vol. sont en vente.

ANTHOINE DE SAINT-JOSEPH. Concordance entre les Codes de commerce étrangers et le Code de comm. franç. 1843. in-4. 50f.

BÉCANE. Commentaire sur l'Ordonnance du commerce du mois de mars 1673, par Jousse, avec des Notes explicatives. 1828, in-4 ou in-8. 7 fr.

BÉDARRIDE. Droit commercial. comment. du Code de comm., t. 1er, in-8. 1854. 7fr.50

BONNIN (P.). Commentaire sur la Législation commerciale, contenant l'explication de chaque article du Code de commerce. 1845. 1 vol. in-8. 7 fr.

BRAVARD-VEYRIÈRES, Professeur de droit commercial à la Faculté de droit de Paris. Manuel du Droit commercial, contenant un traité sur chaque livre du Code de commerce, l'indication du dernier état de la jurisprudence, des formules pour tous les actes, une analyse de tous les articles du Code, réduits en questions, le texte des ordonnances de 1673 et 1681, et celui du Code, rapprochés et mis en regard. 5e édit., revue, corrigée et considérablement augmentée. 1855. 1 fort vol. grand in-8 de 800 pages. 9 fr.

BOUCHER. Institutions commerciales, d'après les anciennes et les nouvelles lois, avec tableaux, formules, actes, etc. 1801. in-4. 18 fr.

CADRÈS. Code de Procédure commerciale, ou Codification des articles du Code de procédure applicables en matière de commerce. 1844. in-8. 8 fr.

—Le Code civil mis en rapport avec le Droit commercial; suivi d'un Commentaire du contrat de commission. 1845. in-8. 6 fr. 50.

DELVINCOURT. Institutes de Droit commercial français. 1834. 2e éd. 2 v. in-8. 15 fr.

DEVILLENEUVE, Continuateur du Recueil général de Sirey, et **MASSÉ**, Président du trib. civil de Reims. Dictionnaire du Contentieux commercial, ou Résumé de législation, de doctrine et de jurisprudence en matière de commerce ; suivi du texte annoté du nouveau Code de commerce, avec un Supplément contenant la législation et la jurisprudence jusqu'en 1850, notamment les nouvelles lois etc., rendues depuis la révolution de février 1848. 5e édit. 1851. 1 fort vol. in-8 grand raisin. 16 fr.

Observation. — M. Aubé, ancien président du tribunal de commerce de la Seine, dans un article inséré au *Journal des Débats*, s'est exprimé en ces termes :

« Les articles du *Dictionnaire du Contentieux commercial* nous paraissent contenir, outre les différentes indications dont nous avons parlé, toutes les notions nécessaires. Quelques-uns peuvent être considérés presque comme des traités.

Nous citerons les mots *Arbitrage, Endossement, Contrainte par corps, Faillite*, etc., etc.

« Le *Dictionnaire du Contentieux commercial* sera sans doute, comme l'ont voulu ses auteurs, utile aux jurisconsultes, dont il abrégera les recherches, et aux commerçants, qui y trouveront des notions générales qui leur manquent très-souvent : mais il le sera surtout aux magistrats consulaires. Il leur offrira en quelques pages un guide commode, et le moyen d'aller sans fatigues et sans perte de temps puiser aux sources originales. Je n'hésite pas à penser que cet ouvrage est un véritable cadeau fait aux tribunaux de commerce, et pour ma part, je regrette qu'il n'ait pas été publié au temps où j'avais l'honneur d'en faire partie, persuadé que, dans l'exercice de ces importantes fonctions, j'y aurais trouvé souvent de très-utiles secours. »

FRÉMERY. Études du Droit commercial ou du Droit fondé par la coutume universelle des commerçants. 1833. in-8.   8 fr.

GAUTIER. Etudes de Jurisprudence commerciale. 1829. in-8.   7 fr.

GOUJET ᴇᴛ **MERGER.** Dictionnaire de Droit commercial, 2ᵉ éd. 1852. 4 vol. in-8. 30 fr.

HOECHSTER et **SACRÉ.** Manuel de Droit commercial français et étranger. 1855. in-12.   8 fr.

HORSON. Questions sur le Code de commerce. 1829. 2 vol. in-8.   10 fr.

JAVERZAC. Le Code de commerce mis à la portée de tous les négociants. 1854. in-12.   4 fr.

LONCHAMPT. Explication du Code de commerce et Formulaire général d'actes sous seing privé et d'écriture commerciale. 1847. 1 vol. in-12.   4 fr.

MASSÉ. Le Droit commercial dans ses rapports avec le Droit des gens et le Droit civil. 6 v. in-8. 1844-48.   45 fr.

MAUGERET. Législation commerciale de l'Empire français, ou Code de commerce commenté. 1808. 3 v. in-8.   10 fr.

MOLINIER. Traité de Droit commercial, ou Explication méthodique des dispositions du Code de commerce. 1841. 3 vol. in-8. *En vente, tome 1ᵉʳ.*   9 fr.

MONGALVY ET GERMAIN. Analyse raisonnée du Code de comm. 1824. 2 v. in-4. 12 fr.

MONNIER. Manuel du Contentieux commercial. 1854. in-12.   5 fr.

PARDESSUS. Cours de Droit commercial. 6ᵉ édit. publiée par M. Eugène de Rozière. 1856-57. 4 vol. in-8.   30 fr. 2 vol. sont en vente.

PARIS. Le Droit commercial français, ou Commentaire du Code de commerce. 1 vol. in-8 paru. 1854. 9 fr. L'ouvrage aura 6 vol.

RIVIÈRE. Répétitions écrites sur le Code de commerce. 1 vol. in-8. 1856.   9 fr.

ROGRON. Code de commerce expliqué. 8ᵉ éd. 1855. in-18.   10 fr.

THIÉRIET, Professeur de droit commercial à la Faculté de Strasbourg. Cours de Droit commercial français, ou Recueil méthodique des lois et autres actes et documents for-

mant le texte d'un Cours de droit commercial. 1841. 1 vol. gr. in-8. à 2 col.   7 fr.
Cet ouvrage est divisé en trois parties :
La première comprend la législation ancienne antérieure au Code; — la deuxième, la législation du Code de commerce; — la troisième, la législation supplémentaire.

THIERCELIN. Éléments de Droit commercial ou Comment. sur le C. de commerce, suivi d'un Formulaire.1845.1 v. in-8. 7 fr.50

VALIN. Le nouveau Valin, ou commentaire sur le IIᵉ livre du Code de commerce, par Sanfourche-Laporte. 1810. in-4.   15 fr.

VINCENS. Exposition raisonnée de la Législation commerciale. 1834. 3. v. in-8. 12 fr.

Traités suivant l'ordre du Code de commerce.

Livre Iᵉʳ.—*Du Commerce en général.*

Titre Iᵉʳ ᴇᴛ II.—*Commerçants, Livres de commerce.*

BLANQUI. Dictionnaire du Commerce et des Marchandises. 1838-39. 2 v. gr. in-8. 42 fr.

NOBLET. Du Compte courant. 1848. in-8. 4 f.

NOUGUIER, Voy. p. 18.

Titre III.—*Des Sociétés.*

BÉDARRIDE. Commentaire du Livre 1ᵉʳ Titre 3, des Sociétés. 1856. 2 v. in-8°. 14 fr.

BRESSON. Nouv. loi du 17 juill. 1856, relative aux Sociétés en commandite. 1856. in-8. 1fr.

DELANGLE, premier Président de la Cour impériale de Paris. Commentaire sur les Sociétés commerciales. 2 v. in-8. 1843. 15 f.

FOUREIX. Traité des Sociétés commerciales, Législation ancienne comparée aux Législations des différentes nations de l'Europe, des états de l'Afrique et des deux Amériques. 1856. 1 vol. in-8.   6 fr.

MALEPEYRE ET JOURDAN. Traité des Sociétés commerciales, accompagné d'un précis de l'arbitr. forcé, etc. 1855. in-8.7 fr.

PAIGNON. Commentaire de la loi sur les Sociétés en commandite par actions. 1856. 1 vol. in-8.   2 fr.

PERSIL (Eug.). Des Sociétés commerciales, ou Commentaire sur les sociétés en général. In-8.   5 fr.

TRIPIER. Commentaire de la loi sur les Sociétés en commandite par actions. 1856. in-8.   2 fr.

RIVIÈRE. Explication de la loi du 17 juillet 1856 sur les Sociétés en commandite 1856. in-8°.   3 fr.

ROMIGUIÈRE. Commentaire de la loi du 17 juillet 1856 sur les Sociétés en commandite par actions: et de la loi du même date sur l'Arbitrage forcé. 1856. in-8.   7 fr. 50

TROPLONG, Voy. p. 3.

VAVASSEUR. Des Sociétés en commandite par actions. Commentaire de la loi du 17 juill. 1856 pouvant servir de Guide pratique pour la rédaction des actes de société, la composition et la tenue des assemblées générales. 1856. in-8.   4 fr. 50

TITRE IV.—*Séparation de biens.*

Voyez *Dutruc*, p. 9.

TITRE V.—*Bourses de commerce, Agents de change, Courtiers.*

COURCELLE-SENEUIL. Traité des Opérations de banque. 1852. 1 v. in-8. 7 fr. 50
COURTOIS. Des Opérations de bourse. 1856. 2ᵉ édit. 1 vol. in-18 jésus. 4 fr. 50
FRÉMERY. Des Opérations de bourse. 1833. in-8. 3 fr. 50
MANUEL des Agents de change, banque, finance et commerce. 1851, in-8. 6 fr.
MOLLOT. Bourses de commerce, Agents de change et Courtiers. 1853. 2 v. in-8. 15 fr.
PAIGNON. Théorie légale des Opérations de Banque, etc. 1854. in-8. 7 fr. 50

TITRE VI.—*Commissionnaires.*

DELAMARRE ET LE POITVIN. Traité du Contrat de commission et des Obligations conventionnelles. 6 vol. in-8. 1845-56. 51 fr.

L'œuvre que nous annonçons au public n'est pas une œuvre éphémère, un de ces ouvrages qu'enfantent chaque jour l'ambition et la spéculation ; c'est une œuvre de conscience, de travail, de science, de durée. A peine imprimée, elle a fixé l'attention des jurisconsultes de la France et de l'Allemagne.

M. TROPLONG en a fait l'objet d'un rapport à l'Académie des sciences morales et politiques (séance du 11 juin 1842. — *Revue de législat.*, juillet, même année).

Voici le jugement porté par M. Mittermaier, *professeur à Heidelberg* :

« Il n'y a pas de doute que le *Traité du Contrat de Commission* surpasse tous les autres. Je ne connais pas un ouvrage sur cette matière, si difficile et si importante, qui réunisse, comme ce livre, la richesse des matériaux, la profondeur des principes, le développement si spirituel des questions les plus difficiles, la clarté de l'analyse, et l'esprit de critique qui approfondit si bien les besoins et les rapports du commerce. La science doit aux auteurs de grands progrès. »

DURAND-ST-AMAND. Manuel du Courtier de commerce ou Exposé complet de la législation et de la jurisprudence. 1845. in-8. 7 fr. 50 c.

Du Voiturier.

BOLE. Codes des Postes et relais de France. 1839. 1 vol. in-12. 3 fr.
GRANDVAUX. Législation des transports par terre et par eau. 1 vol. in-8. 1855. 8 fr.
—Manuel de la Police du roulage et des voitures publiques. 1 vol. in-8. 2 fr.
HILPERT. Le Messagiste, ou Traité théorique, pratique et législatif de la Messagerie. 1839. in-8. 5 fr.
LANOÉ. Code des Maîtres de postes, des Entrepreneurs de diligence et de roulage. 1838. 2 v. in-8. 12 fr.
LAFARGUE. Code voiturin. 1827. in-8. 6 fr.
VANHUFFEL. Manuel des Maîtres de postes et Entrepreneurs de voitures publiques. 1839. in-8. 2 fr. 50 c.

TITRE VII.—*Achats et Ventes.*

PERSIL ET CROISSANT. Commentaire sur les Achats et Ventes. 1838. in-8. 6 fr.

TITRE VIII. — *Lettre de change, Billet à ordre.*

BECANE. Questions sur le Droit commercial, suivies du Commentaire de Jousse, et du Traité de la Lettre de change, par Dupuy de la Serra. in-8. 1842. 9 fr.
NOUGUIER. Des Lettres de change, et des Effets de comm. en génér. 1851. 2 v. in-8. 16 f.
PARDESSUS. Traité du Contrat et des Lettres de change. 1809. 2 v. in-8. 16 fr.
PERSIL (Eug.). Traité de la Lettre de change. 1837. in-8. 7 fr.
SCHIEBÉ. Traité théorique et pratique des Lettres de change. 1819. in-8. 6 fr.
YECHE. Traité de la Lettre de change et du Billet à ordre. 1 vol. in-8. 1846. 5 fr.

LIVRE II.—*Commerce maritime.*

AZUNI. Système universel des principes du Droit maritime de l'Europe, traduit de l'italien par L. Digeon. 2 v. in-8. 15 fr.
BEAUSSANT. Code maritime, ou Lois de la marine marchande. 1840. 2 v. in-8. 16 fr.
BECANE. Commentaire sur l'Ordonnance de la marine, du mois d'août 1681, par Valin. 1834. 1 v. in-4 ou 2 v. in-8. 10 fr.
BOUCHER. Le Consulat de la mer, ou Pandectes du Droit commercial et maritime. 1808. 2 v. in-8. 16 fr.
BOULAY-PATY. Cours de Droit commercial maritime. 1834. 4 v. in-8. 20 fr.
DERCHE. Décret-Loi disciplinaire et pénal pour la marine marchande, 1 vol. in-8. 1853. 4 fr.
DUCHESNE (M.-A.). Manuel commercial et administratif du Capitaine au long cours. 1855, in-8. 7 fr.
DUFRICHE-FOULAINES. Code des Prises maritimes et du commerce. 1804, 2 vol. in-4. 15 fr.
HAUTEFEUILLE. Législation criminelle maritime. 1839. in-8.
—Code de la Pêche marit. 1844. in-8. 7 fr. 50
—Des Droits et des Devoirs des nations neutres en temps de guerre maritime. 1848-49. 4 v. in-8. 30 fr.
—Marine marchande. Commentaire sur le décrets disciplinaire et pénal du 24 mars 1852. 1852. in-8. 4 fr.
D'HAUTERIVE et DE CUSSY. Recueil de traités de commerce et de navigation depuis 1648. 10 vol. in-8. 1834-44. 75 fr.
LAGET DE PODIO. Le Parfait capitaine, ou Guide des Négociants, Armateurs. 1834. in-8°. 8 fr.
LEBEAU. Code des Bris, Naufrages et Échouements. 1844. in-8. 7 fr. 50 c.
—Code des Prises maritimes. An VII. 4 vol. in-8 ou 3 vol. in-4. 20 fr.
LEHIR. Des Armateurs et des Propriétaires de navires. 1844. in-18. 3 fr. 50

LUCHESI PALLY. Principes de Droit public maritime, trad. de l'Italien. 1842. in-8. 4 fr.

PISTOYE et CH. DUVERDY. Traité des Prises maritimes. 1854. 2 vol. in-8. 15 fr.

RIMBAUD. Etudes sur la Législation et l'administration maritime, à l'usage des candidats au grade de commissaire de la marine. 1851, in-8. 1855. 3 vol. 22 fr. 50

SIBILLE. Jurisprudence et Doctrine en matière d'abordage. 1853. in-8.   6 fr.

Titre IX.— *Contrats à la grosse.*

Titre X.— *Assurances.*

ALAUZET. Traité général des Assurances. 1844. 2 v. in-8.   15 fr.

. . . Quant à la manière dont ce cadre a été rempli, on ne peut qu'en féliciter l'auteur. L'ouvrage, dans toutes ses parties, se fait remarquer par une vaste et saine érudition, par l'esprit judicieux qui a présidé à toutes les solutions qu'il renferme, par un sage emploi de la jurisprudence, enfin par un style clair et correct. En somme, le *Traité général des Assurances* de M. Alauzet est aujourd'hui le livre le plus complet, le plus au niveau de la science, que nous puissions signaler à nos lecteurs.   L.-M. Devilléneuve.

BEAUTEMPS (J.-P.), Nouveau Manuel du capitaine au long cours et du maître au cabotage en matière d'assurance maritime. 1849. 2 vol. in-4.   3 fr. 50

BARREAU. Manuel des Propriétaires de toutes les classes, ou traité des fléaux et des cas fortuits. in-8.   7 fr.

BENECKE. Traité des Principes d'indemnité en matière d'assurances maritimes et de grosse aventure. 1825. 2 v. in-8.   15 fr.

BOUDOUSQUIÉ. Traité des Assurances contre l'incendie. 1829. in-8.

BOULAY-PATY. Traité des Assurances et Contrats à la grosse, d'*Emérigon*; éd. mise en rapport avec le Code de commerce. 1827. 2 vol. in-4.   15 fr.

DELABORDE. Traité des Avaries particulières sur les marchandises, dans leurs rapports avec le contrat d'assurance maritime. 2 vol. 1854. in-8.   6 fr.

EST.. .. ..N. Traité du Contrat d'assurance de.. .. ., avec un discours préliminaire, des notes et un supplément. 1810. in-8. 8 fr.

GIRAUDEAU ET COURTOIS. Traité des Assurances maritimes. 1841. in-18. 3 fr.

GRUN ET JOLIAT. Traité des Assurances terrestres, et de l'Assurance sur la vie des hommes. 1828. in-8.   8 fr.

JOURNAL des Assurances terrestres. V. p. 29.

LAFOND. Guide de l'Assureur et de l'Assuré en matière d'assurances maritimes. in-8. 1837.   8 fr. 50

—Guide général des Assurances maritimes et fluviales, etc. 1855. in-8.   10 fr.

LAGET DE PODIO. Traité et Questions sur les Assurances maritimes. 1847. 2 vol. in-8.   18 fr.

LEMONNIER. Commentaire sur les principales Polices d'assurances maritimes usitées en France. 1843. 2 v. in-8.   15 fr.

MOREL. Manuel de l'Assuré ou Vade mecum du commerce maritime. 1848. in-8.   20 fr.

PERSIL. Traité des Assurances terrestres. 1834. in-8.   8 fr.

POUGET (Louis). Dictionnaire des Assurances terrestres. Principes. Doctrine. Jurisprudence, etc. 2 vol. in-8. 1855. 24 fr.

POUGET. Manuel de l'Agent d'assurance pour le recouvrement des primes d'assurances terrestres en justice. 1850. in-12. 2 f.

QUESNAULT. Traité des Assurances terrestres. 1826. in-8.   7 fr.

Livre III.— *Faillites et Banqueroutes.*

BEDARRIDE, Avocat à la Cour impériale d'Aix. Traité des Faillites et Banqueroutes, ou Commentaire de la loi du 28 mai 1838. 1853. 2 v. in-8. 3e éd.   15 fr.

Cet ouvrage est incontestablement le plus complet, le plus médité de tous ceux qui ont été publiés sur les faillites, depuis la promulgation de la loi de 1838. L'auteur, qui s'occupe habituellement d'affaires commerciales, a su renfermer dans cet ouvrage une foule d'enseignements pratiques dont l'expérience révèle toute l'utilité. Les principes qu'il renferme, accompagnés de notes et d'explications claires et précises, rendent non-seulement facile l'intelligence de la loi ; mais encore aident efficacement à la solution des nombreuses difficultés qu'elle peut soulever.

BOULAY-PATY. Traité des Faillites et Banqueroutes. 2e éd. entièrement refondue par M. Boileux. 1849. 2 v. in-8.   15 f.

ESNAULT. Traité des Faillites et Banqueroutes, d'après la loi du 28 mai-8 juin 1838. 1846, 3 v. in-8.   24 fr.

GEOFFROY. Code pratique des Faillites. 1853. in-8.   7 fr. 50

LÉVESQUE. Faillites et Banqueroutes. Résumé de législation, de doctrine et de jurisprudence sur cette matière. 1847. 1 v. in-8.   10 fr.

MOUSNIER. Traité du Concordat en matière de faillite. 1855. in-8.   5 fr.

RENOUARD. Traité des Faillites et Banqueroutes. 2e éd. 1844. 2 v. in-8.   15 fr.

SAINT-NEXENT. Traité des Faillites et Banqueroutes, d'après la loi du 28 mai 1838. 1844. 3 v. in-8.   22 fr. 50 c.

THIÉRIET, Professeur de droit commercial à la Faculté de Strasbourg. Code des Faillites et Banqueroutes, recueil des travaux préparatoires de la loi du 28 mai 1838, mise en concordance avec le Code de 1807 et avec les projets, exposés des motifs et rapports qui l'ont précédée. 1841. 1 vol. in-8. 5 fr.

VIROLLE. Guide des Syndics. 1838. in-8.   6 fr.

Livre IV.— *Juridiction commerciale.*

DESPRÉAUX. Compétence des tribunaux de commerce. 1856. in-8.   7 fr.

GASSE. Manuel des Juges de commerce, ou Recueil de documents concernant la juridiction commerciale, suivi de formules. 1848. 5ᵉ édit. in-8.   7 fr. 50 c.

NOUGUIER (Louis), Avocat à la Cour de Paris. Des Tribunaux de commerce, des Commerçants et des Actes de commerce, contenant : 1° l'Organisation ancienne et actuelle des tribunaux de commerce et les réformes dont elle est susceptible ; 2° un Traité complet des droits et devoirs des commerçants ; 3° les Règles diverses concernant les Actes de commerce ; 4° la Compétence des tribunaux consulaires sur toutes les matières du droit ; 5° la Procédure suivie devant eux ; 6° l'Indication de tous les arrêts et de l'opinion des auteurs ; 7° un *Formulaire général des actes du ressort des tribunaux de commerce ;* 8° les Textes de la législation, lois, décrets, ordonnances royales, avis du conseil d'Etat, arrêtés ministériels, etc. ; 9° la Table des noms des auteurs et des ouvrages que l'on peut consulter sur ces divers sujets, etc. 3 vol. in-8. 1844.   22 fr. 50

...... En résumé, le *Traité des Tribunaux de Commerce, des Commerçants et des Actes de commerce,* dont nous venons de rendre compte, est un de ces livres, si rares de nos jours, qui servent à l'explication de la loi, préparent sa révision, et dirigent le magistrat dans son application. Aussi M. Nouguier trouvera, nous en sommes convaincu, honneur autant que profit dans ce monument qu'il vient d'élever à la science du droit.
MÉRILHOU, *Conseiller à la Cour de cassation.*

ORILLARD. De la Compétence et de la Procédure des tribunaux de commerce; Traité de la juridiction commerciale, contenant un exposé complet de tous les principes du droit commercial. Edition augmentée d'un supplément comprenant la jurisprudence jusqu'à ce jour. 1855. In-8.   8 fr.

CODE D'INSTRUCTION
CRIMINELLE.

Motifs.

LOCRÉ, Voy. p. 1.

Ouvrages généraux.

BENOID. Traité et Manuel synthétiques et pratiques des Codes pénal et d'instruction criminelle. 1845. 1 vol. in-8.   4 fr.
BOITARD. Leçons sur les Codes d'instruction criminelle et pénal; édit. revue par Colmet d'Aage. in-8. 1856.   9 fr.
BONNIN. Commentaire du Code d'instruction criminelle, suivi d'un formulaire d'actes. 1845. 1 vol. in-8.   7 fr.
BOURGUIGNON. Jurisprudence des Codes criminels. 1825. 3 v. in-8.   10 fr.

— Manuel d'Instruction criminelle. 5ᵉ édit. 1811. 2 v. in-8.   6 fr.
CARNOT. De l'Instruction criminelle, considérée dans ses rapports avec les lois nouvelles et la jurisprudence de la Cour de cassation. 2ᵉ éd. 4 v. in-4. 1835.   40 fr.
CHABROL-CHAMÉANE, Voy. p. 30.
DUVERGIER. Code d'Instruction criminelle et Code pénal annotés. 1855. in-8.   2 fr.
FAUSTIN-HÉLIE. Traité de l'instruction criminelle ou Théorie du Code d'instruction criminelle. 1845-56. 7 vol. sont en vente. 63 fr.

Ils traitent : le 1ᵉʳ, de l'histoire de la procédure criminelle; les tomes 2 et 3, de l'Action publique et de l'Action civile ; le tome 4, de la Police judiciaire; le tome 5, de l'Instruction écrite; le tome 6, des attributions de la Chambre du conseil, et de la Chambre d'accusation ; et le tome 7, de l'organisation, la compétence et la procédure des tribunaux de police.

GRATTIER (DE). Code d'Instruction criminelle et Code pénal expliqués par la jurisprudence progressive de la Cour de cassation. 1834. in-8.   9 fr.
LEGRAVEREND. Traité de la Législation criminelle en France. 3ᵉ éd., revue et corrigée par Duvergier. 2 v. in-4. 1830. 20 fr.
LE SELLYER. Traité du Droit criminel, appliqué aux actions publique et privée, etc. 6 gr. v. in-8. 1844.   40 fr.
MORIN, Voy. p. 29.
RAUTER. Traité théorique et pratique du Droit crimine français, ou Cours de législation crimin. 1836. 2 vol. in-8.   Rare.
RODIÈRE. Éléments de procédure criminelle. 1845. 1 vol. in-8.   7 fr. 50 c.
ROGRON. Codes d'Instruction crimin. et pénal expliqués d'après les modifications introduites dans ces Codes. 4ᵉ édit. 1849. 2 vol. in-18.   15 fr.
TRÉBUTIEN. Cours élémentaire du droit criminel. 1854. 2 vol. in-8.   15 fr.

Traités suivant l'ordre du Code d'instruction.

DISPOSITIONS PRÉLIMINAIRES.—*Actions publique et civile.*

FAUSTIN HÉLIE, Voy. plus haut.
MANGIN. Traité de l'Action publique et de l'Action civile en matière criminelle. 2ᵉ éd. 2 v. in-8. 1844.

LIVRE Iᵉʳ. — *Police judiciaire et Officiers qui l'exercent.*

CHAP. Iᵉʳ.—Police judiciaire.

ALLAIN. Code-Formulaire des Officiers de police judiciaire, etc. 1853. 2 v. in-12. 8 fr.

BERRIAT-SAINT-PRIX (CH.). Manuel de Police judiciaire et municipale, à l'usage des maires, commissaires de police, etc. in-12. 1856. 3ᵉ édition, refondue.   4 fr.

ACADÉMIE DES SCIENCES MORALES ET POLITIQUES. Dans un rapport fait à l'Académie des sciences morales et politiques, M. Blondeau, Doyen de la Faculté de droit de Paris, s'exprimait ainsi :

« Qu'il me soit permis d'appeler l'attention de l'Académie sur un livre d'une utilité pratique incontestable : le *Manuel de police judiciaire*, de M. Ch. Berriat-Saint-Prix.

« Combien de coupables échappent tous les jours à la peine qu'ils ont méritée ! Combien de crimes demeurent impunis, surtout lorsqu'ils ont été consommés loin de la résidence du juge d'instruction ou du procureur impérial ! Avant que ces magistrats aient pu se rendre sur les lieux, les traces criminelles disparaissent, les témoins sont séduits, et l'opinion publique égarée par de fausses rumeurs.

« Tels sont les tristes résultats de la négligence des officiers chargés de la police judiciaire et auxquels incombe, en l'absence des magistrats supérieurs, le devoir de faire les premiers actes de la procédure, et de saisir, en quelque sorte, le crime au moment même où il s'accomplit. Cette négligence tient souvent à l'ignorance et à la timidité qui en est la suite. Tel maire reculera devant une mesure légale de crainte d'excéder ses droits et de s'exposer à l'inimitié des coupables. L'ouvrage de M. Berriat-St-Prix a pour objet de bien préciser les devoirs des agents inférieurs de la police judiciaire.

« L'auteur parcourt toutes les hypothèses qui peuvent se présenter, et trace, pour chacune d'elles, des règles toujours appuyées sur la loi, l'ordonnance ou au moins sur la jurisprudence de la cour suprême.... A la suite de son ouvrage se trouvent des modèles de tous les actes qu'il peut être nécessaire de rédiger..... »

DE MOLÈNES. Des Fonctions d'officier de Police judiciaire. 2ᵉ éd. in-8. 1834.   3 fr.

CÈRE (Paul). Manuel du Fonctionnaire chargé de la Police judiciaire. 1853. in-18. 4 fr.

FAUSTIN HÉLIE, Voy. p. 20.

INSTRUCTION DU PROCUREUR DU ROI (M. Jacquinot-Pampelune) près le tribunal de la Seine, à M. les juges de paix, commissaires de police, etc., avec des formules. 2ᵉ éd. 1831. in-8.   5 fr.

CHAP. 2.—Maires, Commissaires de police.

ALLETZ. Dictionnaire de Police moderne pour toute la France. 2ᵉ éd. 1823. 4 v. in-8. 20 fr.

ANCEST. Code des Commissaires de police. 1829. 1 vol. in-8.   6 fr.

BACQUA. Code annoté de la police administrative, judiciaire et municipale. 1856. 1 v. gr. in-8°.   18 fr.

BOUCHER D'ARGIS. Code de Simple police à l'usage des juges de paix, commissaires de police, etc. 1831. in-8.   3 fr. 50 c.

FREGIER (A.). Histoire de l'Administration de la police de Paris, depuis Philippe-Auguste, etc. 1850. 2 vol. in-8.   16 fr.

JOEGLÉ et MAUNY. Manuel de police à l'usage des commissaires cantonaux et des préposés de l'administration. 1853. in-18. 3 fr.

LÉOPOLD. Dictionnaire général de Police administrative et judiciaire de la France. 3ᵉ éd. 1822. in-8.   5 fr.

PIONIN. Dictionnaire de police. 1856. 1 vol. in-8.   7 fr.

RABASSE. Manuel des Commissaires de police, suivi de formules. 1837. in-12.

SORBET. Dictionnaire, formulaire du Commissaire de police. 1855. in-8.   8 fr.

TRÉBUCHET, ÉLOUIN ET LABAT. Nouveau Dictionnaire de Police. 2 v. in-8. 12 fr.

TRUY. La Police de la France. 1853. 1 vol. in-18.   2 fr. 50

Voyez *Droit municipal*, page 40.

CHAP. 3.—Gardes champêtres et forestiers.

CÈRE (Paul). Nouveau manuel du Garde champêtre. 1853. in-18.   3 fr.

CRINON ET VASSEROT. Le Forestier praticien. Guide des Gardes champêtres. 1852. in-18.   1 fr. 50 c.

DUBARRY. Nouveau Manuel des Gardes champêtres communaux et particuliers, des Gardes forestiers, etc. 1856. 1 vol. in-12.   3 fr.

LARADE. Guide et Formulaire des Gardes champêtres. 1851. in-18.   3 fr. 50

MARC-DEFFAUX. Guide-Manuel général des Gardes champêtres. 1853. in-18. 3 fr.

Des Procès-verbaux en général.

MANGIN. Traité des Procès-verbaux en matière de délits et de contraventions. 1840. In-8.   8 fr.

CHAP. 4.—Procureurs impériaux et Substituts (et du Ministère public).

DELPON. Essai sur l'histoire de l'Action publique et du ministère public. 1830. 2 vol. in-8.   10 fr.

DE MOLÈNES. Traité pratique des Fonctions du ministère public, suivi d'une Discussion sur la question du duel. 2 vol. in-8. 1843.   15 fr.

Opinion de M. le proc. général de Golbéry, député.

.... Les chapitres sur l'instruction, sur l'initiative, sur l'exécution des mandats, sont remplis de remarques fournies par la pratique, et d'autant plus précieuses que ce sont toujours des difficultés résolues, et que jamais l'auteur ne perd son temps à professer, agissant, en cela, au rebours de tous les faiseurs de commentaires, lesquels paraphrasent pompeusement la loi, l'ordonnance ou la circulaire, et vous apprennent précisément tout ce que l'on saurait aussi bien sans eux. Concluons : le livre de M. de Molènes est excellent ; il aurait pu prendre pour épigraphe : *Indocti discant, et ament meminisse periti.*

FAURE. Répertoire administratif des parquets. 1844-1855. 5 vol. in-8.   24 fr.
Le Supplément seul, 1 vol. in-8.   8 fr.

MASSABIAU. Manuel du Ministère public. 3ᵉ édit. 5 vol. in-8. 1856-57.   27 fr.
1 volume paru.

ORTOLAN ET LEDEAU. Le Ministère public en France. 1830. 2 v. in-8. 12 fr.
SCHENCK. Traité sur le Ministère public. 1813. 2 vol. in-8. 15 fr.
Voyez page 33, *Circulaires et Inst.*

CHAP. 5.—Officiers de police auxiliaires du Procureur impérial.

DUVERGER, Conseiller. Manuel criminel des Juges de paix considérés comme officiers de police judiciaire, auxiliaires du procureur impérial et comme délégués du juge d'instruction. 3e édit., revue et corrigée. 1830. 1 vol. in-8. 7 fr. 50

CHAP. 6.—Des Juges d'instruction.

CASSASSOLES. Le Guide pratique du Juge d'instruction, contenant, etc. 1854. 1 vol. in-8. 6 fr.
DELAMORTE-FÉLINES. Manuel du Juge d'instruction. 1856. in-8. 6 fr.
DUVERGER. Manuel des Juges d'instruction. 2e éd. 3 v. in-8. 22 fr. 50
MANGIN. De l'Instruction écrite et du règlement de la compétence en matière criminelle ; ouvrage revu et annoté par M. FAUSTIN HÉLIE. 2 vol. in-8. 1847. 15 fr.

LIVRE II. — *De la Justice.*

(*De la Preuve.*)

BENTHAM. Preuves judiciaires. 1830. 2 vol. in-8. 14 fr.
BONNIER. V. page 8.
DESQUIRON. De la Preuve par témoins en matière criminelle. 1811. in-8. 7 fr.
GABRIEL. Essai sur la nature des Preuves, revu par Solon. 1845. 1 vol. in-8. 5 fr.
MITTERMAIER. De la Preuve en matière criminelle, trad. de l'allemand sur la 3e éd. avec le concours et des notes de l'auteur, par M. Alexandre, 1er avocat général. 1848. 1 vol. in-8. 7 fr. 50

Le but de la loi pénale est la répression du délit : mais avant de punir le délit, il faut constater son existence : d'où la nécessité de la *preuve.*

Comment faire la preuve ? Comment procurer à la justice les moyens d'une appréciation certaine du fait et de l'intention imputées à crime ? Comment donner à la fois à l'ordre social lésé les garanties d'une infaillible répression ? Au citoyen accusé les garanties dues aux libertés que la loi sociale promulgue ? A l'homme innocent peut-être, celles dues à sa sûreté individuelle ? Problèmes immenses dont la solution implique l'organisation de la procédure pénale toute entière.

TITRE Ier. — *Tribunaux de police.*

CHAP. 1er.—Tribunaux de simple police.

BERRIAT-SAINT-PRIX (CH.). Traité de la Procédure des tribunaux criminels, suite de l'instruction criminelle préjudiciaire. —1re partie. Des Tribunaux de simple police, de leur procédure et des fonctions des officiers du ministère public qui leur sont attachés. 1851-56. in-8. 7 fr. 50 c.
Voici un de ces excellents ouvrages, aujourd'hui

si rares, qui apprennent beaucoup de choses et ne disent rien de superflu : *Multa paucis.* M. Ch. Berriat-Saint-Prix est connu de tous les criminalistes, et notamment des magistrats ; on sait combien il a cultivé et pratiqué le droit criminel ; quel est le mérite particulier de ses publications : exactitude complète dans les exposés de doctrine et de jurisprudence, dans l'argumentation et dans les citations ; concision de style, fécondité dans les aperçus et dans les indications utiles. Tout cela se remarque surtout dans la première partie du traité que M. Berriat-Saint-Prix, pour faire suite à ceux de Mangin sur l'instruction criminelle préjudiciaire. Ainsi que le dit l'auteur dans son avertissement, c'est essentiellement un livre d'*application.*

Le chapitre Ier expose l'organisation des tribunaux de simple police, l'institution et les droits et devoirs généraux de leurs membres. Le chap. II, intitulé « Procédure et fonctions avant l'audience », traite de la compétence du tribunal et de la poursuite des contraventions, ce qui comprend les préliminaires de l'instruction, pour l'officier du ministère public et le juge lui-même. Le IIIe, « Procédure et fonctions à l'audience, » a pour objet la police de l'audience ; l'appel des affaires, parties et témoins ; la preuve des contraventions, par procès-verbaux, aveu ou témoignages ; les conclusions et défenses ; les questions préjudicielles ; les conflits ; le jugement ; les incidents d'audience, etc. Le IVe, « Procédure et fonctions après l'audience, » rappelle les règles qui concernent l'exécution des jugements, les voies de recours contre ces décisions, la liquidation et la taxe des frais.

Nous ne saurions trop recommander cet ouvrage, d'une utilité pratique incontestable, aux magistrats, aux membres du barreau et aux fonctionnaires divers qui ont à préparer, à rendre, à faire exécuter, ou à bien discuter ou réviser les jugements de simple police. A. MORIN, Avocat à la Cour de cassation.

BOST ET DAUSSY. Législation et Jurisprudence des tribun. de simple police. 1841. in-8. 7 fr.
KERSCH. Des Fonctions de l'officier du ministère public près les tribunaux de simple police. Liége, 1854. in-8. 8 fr.
SORBET. Guide des Tribunaux de simple police. 1854-56. 1 vol. in-8. 4 fr.

CHAP. 2.—Tribunaux correctionnels.

BERRIAT-SAINT-PRIX (CH.). Des Tribunaux correctionnels en 1re instance et en appel, de leur procédure et des fonctions des officiers du ministère public qui leur sont attachés ; précédé d'un Essai sur l'organisation judiciaire en 1789 et sous le droit intermédiaire. 2 vol. in-8. 1854-56. 15 fr.

Extrait d'un rapport de M. le Président BÉRENGER à l'Académie des sciences morales et politiques.

« M. Berriat-Saint-Prix, Substitut du Procureur général à Paris, fait hommage à l'Académie des trois premiers volumes d'un ouvrage intitulé : .... et qui nous paraît mériter tout son intérêt. — Quoique essentiellement d'application et, comme tel, fondé sur la jurisprudence de la Cour de cassation et sur les traditions pratiques de la magistrature, cet ouvrage renferme de nombreux emprunts au droit ancien, qui ont fourni à l'auteur des rapprochements utiles à l'intelligence du droit actuel.—M. Berriat-Saint-Prix a placé en tête de son livre une Introduction historique sur l'organisation judiciaire avant 1789 et depuis... L'Académie y remarquera des choses curieuses sur cette organisation au moment de notre grande révolution.... Tout ce que nous venons de dire, d'après cette introduction, pleine d'intérêt, sur le nombre et la diversité des juridictions avant la Révolution, sur la vénalité des charges, sur les *épices*, est aux yeux de l'auteur la justification complète du renversement par l'Assemblée constituante d'un ordre de choses si anormal... Quant aux traités dans lesquels l'auteur suit pas à pas la procédure devant les tribunaux de police, depuis les actes qui constatent les contraventions et les délits jusqu'au jugement qui termine le procès, tant en 1re instance qu'en appel, ils sont d'une application pratique. L'ouvrage a exigé de nombreuses investigations, les solutions sont juridiques et la matière est divisée avec une méthode parfaite.

ROUSSET. Correctionalisation des crimes. 1855. in-8. 3 fr.

Titre II.—*Affaires à soumettre au Jury.*

Chap. 1er.—Mise en accusation.

FAUSTIN HÉLIE, V. page 20.
MANGIN, Voy. page 20.

Chap. 2 à 4.—Procédure devant la Cour d'assises.

ANSPACH, avocat. De la Procédure devant les Cours d'assises. 1 vol. in-8. 1856. 10 fr.
CUBAIN. Traité de la Procédure devant les Cours d'assises. 1 vol. in-8. 1851. 7 fr. 50
DE FRÉMINVILLE. De la Procédure criminelle devant le Jury, ou traité pratique de la Présidence des Cours d'assises. 1855. 1 gros vol. in-8. 14 fr.
DUFOUR. Aide-Mémoire du président d'assises. in-4. 3e édit. 1856. 7 fr.
GAILLARD. Devoirs des Présidents de Cours d'assises. 2e édit. 1835. in-8. 5 fr.
LACUISINE. Traité du Pouvoir judiciaire dans la direction des débats criminels. 1844. in-8. 7 fr. 50
MARCEL DE SERRES. Manuel des Cours d'assises. 1823-1824, 3 vol. in-8. 20 fr.
MESNARD. De l'Administration de la justice criminelle en France. 1831. in-8. 4 fr.
PERRÈVE. Manuel des Cours d'assises. 1855. 1 vol. in-8. 9 fr.

Exécution des jugements et peines.

BERRIAT-SAINT-PRIX (CH.). De l'Exécution des jugements et arrêts, et des peines en matières criminelle, correctionnelle et de police. 1846. in-8. Epuisé.
HANIN. Des Conséquences des condamnations pénales, relativement à la capacité des personnes. 1848. in-8. 5 f.
HUMBERT (A.). Des Conséquences des condamnations, en droit romain et en droit français. 1855. In-8. 6 fr.

Chap. 5.—Du Jury et de la Manière de le former.

BERRIAT-SAINT-PRIX (CH.). Le Jury en matière criminelle, Manuel des Jurés, d'après les lois des 4, 9 et 10 juin 1853, les anciens textes en vigueur, la jurisprudence, etc. In-18. 1 fr. 50
M. Berriat-Saint-Prix est arrivé à présenter dans ce petit volume un abrégé complet de la procédure criminelle, également utile aux jurés et aux magistrats, pour les guider dans les importantes fonctions qu'ils ont à remplir.—M. Berriat-Saint-Prix a fait plus encore : tout en rapprochant et expliquant les textes de l'ancienne et de la nouvelle législation, il a voulu mettre ses lecteurs au courant des difficultés sérieuses d'interprétation que ces textes peuvent présenter dans la pratique; et à cet égard, non-seulement il indique les solutions que la plupart de ces difficultés ont déjà reçues de la jurisprudence, mais allant au-devant des difficultés nouvelles que peut faire surgir la combinaison des textes nouveaux avec les anciens, il en donne lui-même la solution, avec cette sûreté d'appréciation et de jugement que lui ont acquise, en cette matière, ses fonctions et une longue pratique des affaires criminelles. L.-M. DEVILLENEUVE.

AIGNAN. Histoire du Jury. 1822, in-8. 5 fr.
BASCLE DE LAGRÈZE. Droit criminel à l'usage des jurés. 1854. In-8. 5 fr.
BOURGERIE. Traité des Droits et Devoirs des Jurés en matière criminelle. 1837. in-12. 2 fr.
BOYARD. Des Droits et des Devoirs de la Magistrature et du Jury. 1827. in-8. 5 fr.
BOURGUIGNON. Manuel du Jury. in-8. 6 fr.
COMTE. Des Pouvoirs et des Obligations des jurys ; trad. de l'anglais de sir Philips Richard. 2e éd. 1828. in-8. 6 fr.
CORRARD-LALESSE. Le Guide des Jurés. 1842. in-18. 2 fr.
GUICHARD et **DUBOCHET.** Manuel du Jury. 1828. in-8. 6 fr.
MERGER. Manuel du Juré, comprenant tout ce qui a rapport aux fonctions du juré, à ses droits, etc. 4e éd. 1844. in-18. 2 f. 50 c.
OUDOT. Théorie du Jury. in-8. 7 f. 50 c.
SIMONIS. Guides des Jurés devant la Cour d'assises. Liége. 1851. in-8. 6 fr.

Titre VII.

Chap. 2.—Des Prisons.

BÉRENGER, Membre de l'Institut, Président à la Cour de cassation. De la répression pénale, de ses formes et de ses effets. 2 vol. in-8. 1855. 16 fr.
GRILLET-WAMMY. Manuel des Prisons, ou Exposé historique, théorique et pratique, du système pénitentiaire. 1838. in-8. 6 fr.
MOREAU-CHRISTOPHE. Code des Prisons ou Recueil complet des lois, ordonnances, etc., concernant le régime intérieur, économique et disciplinaire, des maisons d'arrêt, de justice, etc., de 1670 à 1856. 2 vol. in-8. 18 fr.
Voyez *Prisons* et *Réforme pénitentiaire.*

CHAP. 5.—Prescription.

COUSTURIER. Traité de la Prescription en matière criminelle. Bruxelles. 1849. 1 vol. in-8. 7 fr.

HOOREBECKE. Traité des Prescriptions en matière pénale. Bruxelles. 1852. in-8. 6 fr.

TARIF CRIMINEL.

DALMAS. Des Frais de justice en matières criminelle, correctionnelle et de simple police. 1834. in-8. 8 fr.

—Supplément au précédent ouvrage. 1847. 1 vol. in-8.

SUDRAUD - DESISLES. Notes d'un juge d'instruction sur la Taxe et le Paiement des frais de justice en matières criminelle et de simple police. 1852. in-8. 6 fr.

CODE PÉNAL.

Motifs.

LOCRÉ, Voy. p. 1.

Ouvrages généraux.

BERRIAT-SAINT-PRIX (Félix). Analyse du Code pénal. gr. in-8. 1855. 7 fr.

BERTAULT. Cours de Code pénal. 1 vol. in-8. 1854. 7 fr.

BOITARD. V. p. 20.

BONNIN (P.). Commentaire du Code pénal et des Lois de la presse. 1845. 1 v. in-8. 7 fr.

BOSCH. Droit pénal et Discipline judiciaire. 1857. grand in-8. 12 fr.

CARNOT. Commentaire sur le Code pénal. 2ᵉ éd. d'après le dernier texte du Code pénal. 2 v. in-4. 1836. 20 fr.

CHABROL-CHAMÉANE, Voy. p. 30.

CHAUVEAU ADOLPHE. Code pénal progressif: Commentaire sur la loi modificative du Code pénal. 1832. 1 vol. in-8. 8 fr.

CHAUVEAU ADOLPHE ET FAUSTIN - HÉLIE. Théorie du Code pénal. 1852. 3ᵉ éd. revue et annotée. 6 v. in-8. 50 fr.

DUFRICHE-VALAZÉ. Lois pénales. 1802, in-8. 6 fr.

FLOTTARD. Principes philosophiques et pratiques de Droit pénal extraits des œuvres de Niccola Niccolini. 4 vol. in-8. 1851. 6 fr.

ORTOLAN. Éléments de Droit pénal. 1856. 1 fort vol. in-8. 11 fr.

ROGRON, Voy. p. 20.

ROSSI. Traité du Droit pénal, nouv. édit. revue et augmentée par M. Faustin Hélie, conseiller à la Cour de cassation. 1855. 2 vol. in-8. 14 fr.

VILLEFORT. Des Crimes et des Délits commis à l'étranger, et de la nécessité d'une réforme à ce sujet dans la Législation française, avec un résumé des législations étrangères. 1855. In-8. 3 fr.

Droit criminel général, v. p. 37.

Duel.

CAUCHY. Du Duel, considéré dans ses origines et dans l'état actuel des mœurs. 1846. 2 v. in-8. 15 fr.

CHATEAUVILLARD. Essai sur le Duel. 1837. in-8.

DEMOLÈNES, V. page 20.

DUFOUR. Répression du Duel. Recherches sur le meilleur mode de pénalité. in-8.

FOUGEROUX de Campigneulles. Histoire des Duels anciens et modernes, avec notes et éclaircissements. 1836. 2. vol. in-8, 14 fr.

GENAUDET. Étude historique et législation sur le Duel. 1854. in-8. 2 fr. 50 c.

MENDEZ. Essai sur le Duel. 1854. in-8. 5 f.

NOUGARÈDE. Du Duel, sous le rapport de la législation et des mœurs. 1838. in-8. 3 fr.

PINET. Du Duel en jurisprudence et en législation. 1829. in-12. 3 fr. 50

Médecine légale.

BARSE. Manuel de la Cour d'assises dans les questions d'empoisonnement; à l'usage des magistrats, des avocats, des experts, des jurés et des témoins. 1845. in-18 ou in-8. 3 fr. 50

BAYARD. Manuel pratique de Médecine légale. 1843. in-18. 3 fr. 50

BRIAND ET CHAUDÉ. Manuel complet de Médecine légale. 5ᵉ édit. 1852. in-8. 10 fr.

BRIÈRE DE BOISMONT. Du Suicide et de la Folie suicide. 1856. in-8. 7 fr.

CALMEIL. De la Folie, considérée sous le point de vue pathologique, philosophique et judiciaire; exposé des condamnations auxquelles la folie a donné lieu. 1845. 2 vol. in-8. 14 fr.

DE SALLE. Traité de médecine légale. 1 vol. gr. in-8. 6 fr.

DEVERGIE ET DEHAUSSY DE ROBECOURT. Médecine légale, théorique et pratique, avec le texte et l'interprétation des lois relatives à la médecine légale, etc. 3ᵉ éd. 1852. 3 v. in-8. 23 fr.

FLANDIN. Traité des Poisons, ou Toxicologie appliquée à la médecine légale. 1846-1853. 3 vol. in-8. 21 fr.

HOFFBAUER. Médecine légale relative aux aliénés et aux sourds-muets, ou les Lois appliquées aux désordres de l'intelligence, etc. 1827. in-8. 6 fr.

MARC. De la Folie considérée dans ses rapports avec les questions médico-judiciaires. 1840. 2 vol. in-8. 15 fr.

ORFILA. Traité de Médecine légale, suivi du Traité des Exhumations juridiques. 4ᵉ éd. 4 vol. in-8. 1847. 26 fr.

SACASE. De la Folie considérée dans ses rapports avec la capacité civile. 1851. in-8. 4 fr.

Circonstances atténuantes.

COLLARD. Du Système des circonstances atténuantes. 1840. in-8.

Livre IV.—*Contraventions.*

MIROIR. Des Contraventions, des Délits et des Peines, etc. 1831. 2 v. in-8.   13 fr.

ADAM. Appendice au Code pénal, ou Recueil des lois, décrets et dispositions légales le plus fréquemment appliqués en matière correctionnelle, etc. 1836. in-8.   2 fr. 50 c.

BONNEVILLE. De l'amélioration de la loi criminelle. 1855. 1 vol. in-8.   10 fr.
DE MOLÈNES. De l'Humanité dans les lois criminelles. 1830. in-8.   5 fr.

Récidive (De la).

BONNEVILLE. De la Récidive, ou des moyens les plus efficaces pour constater, rechercher et réprimer les rechutes dans toute infraction à la loi pénale. 1839. 1 vol. in-8.   8 fr.
HOOREBECKE. De la Récidive, dans ses rapports avec la réforme pénitentiaire. Bruxelles. 1846. in-8.   6 fr.
MEYNADIER. Des Récidives en matière criminelle. 1836. brochure in-8.

PRESSE.

BORIES ET BONNASSIES. Dictionnaire pratique et Code complet de la Presse, etc. édition augmentée d'un supplément. 3 vol. in-8. 1852.   21 fr.
Le 3e vol. séparément.   3 fr.
CELLIER. Code annoté de la Presse. 1855. in-8.
CHASSAN. Traité des Délits et Contraventions de la parole, de l'écriture et de la presse. 2e éd. considérablement augmentée, 1851. 2 v. in-8 et 1 v. de supplément. 21 fr.
GRATTIER (de). Commentaire des Lois de la presse et de tous les autres moyens de publicité. 1839-45. 2 v. in-8.   15 fr.
GRELLET-DUMAZEAU. Traité de la Diffamation, de l'Injure et de l'Outrage. 1847. 2 vol. in-8.   15 fr.
PARANT. Lois de la Presse. 1836. in-8, avec supplément.   8 fr.
PÉGAT. Code de la Presse annoté, divisé par tableaux. 1837. 1 vol. gr. in-4.   6 fr.
ROUSSET (Gustave), ancien magistrat. Nouveau Code annoté de la Presse, contenant toutes les lois répressives (textes anciens et nouveaux en regard) des crimes, délits et contraventions de la parole, de l'écriture et de la presse, de 1789 à 1856, pour la France, l'Algérie et les colonies. 1856. 1 v. in-4° pouvant servir de complément aux *Codes annotés* de Sirey et Gilbert.   12 fr.

M. Bonneville, M. Berriat-Saint-Prix, conseillers à la Cour impériale de Paris, M. Devilleneuve, jurisconsulte éminent, directeur du *Recueil général des Lois et Arrêts de Sirey*, ont fait de ce livre un éloge motivé et l'ont considéré comme devant prendre place, à la suite des Codes Sirey et Gilbert, dans la bibliothèque de tous les magistrats et de tous les jurisconsultes.

C'est l'ouvrage le plus pratique et le plus complet qui ait été publié sur cette matière.

CODE FORESTIER.
Motifs.

BROUSSE. Code forestier, avec l'exposé des motifs, et la discussion des deux chambres. 2e éd. 1827. in-8.   7 fr.
CHAUVEAU-ADOLPHE. Code forestier expliqué par les motifs de la discussion. 1827. in-18.   3 fr.

Ouvrages généraux.

BAUDRILLART. Code forestier. 2e éd. 1832. 2 v. in-12.   8 fr.
COIN-DELISLE ET FRÉDÉRICH. Commentaire sur le Code forestier, etc. 1827. 2 v. in-8.   10 fr.
CURASSON. Code forestier conféré et mis en rapport avec la législation qui régit les différents propriétaires et usages dans les bois. 1828. 2 v. in-8.   12 fr.
DUPIN. Code forestier suivi de l'Ordonnance d'exécution et de la jurisprudence forestière. 1834. 2e éd. in-18.   5 fr.
GAGNERAUX. Code forestier conféré avec la législation et la jurisprudence relatives aux forêts, etc. 1827. 2 v. in-8.   10 fr.
MEAUME, Professeur à l'École impériale forestière de Nancy. Commentaire du Code forestier ; ouvrage présentant l'examen approfondi et la solution des difficultés soulevées par l'interprétation du Code forestier et de l'ordonnance rendue pour son exécution. 3 v. in-8. 1844.   35 fr.
ROGRON. Codes forestier, de la Pêche fluviale et de la Chasse, expliqués. 2e édit. 1850. 1 vol. in-18.   8 fr.

Traités divers.

ANNALES FORESTIÈRES, Journal mensuel. 1842 à 1856 inclus. 15 vol. gr. in-8. 140 fr. — *Abonnement annuel.* 18 fr.
BAUDRILLART. Recueil chronologique des règlements forestiers depuis 1515 jusqu'en 1829, par feu Baudrillart, et continué depuis 1830 par MM. Herbin de Halle et Chevalier. 1829-1850. 7 v. in-4.   250 fr.
—Dictionnaire général des Eaux et forêts. 1827. 2 vol. in-4, avec atlas.   50 fr.
DRALET. Traité des délits et des peines en matière d'eaux et forêts, in-12. 1833. 4 fr. 50
MEAUME. Programme du cours élémentaire de législation et de jurisprudence professé à l'école forestière de Nancy. 1857. 2e édit. in-8.   9 fr.

Usage, Affouage.

D'AVANNES. Des Droits d'usage dans les bois de l'Etat et dans ceux des particuliers. 1837. in-8.   3 fr. 50
GUYÉTANT. Traité de l'Affouage. 1854. 1 vol. gr. in-12.   7 fr.

MÉAUME. Des Droits d'usage dans les forêts, de l'Administration des bois communaux et de l'Affouage, etc. 2 vol. in-8. 1847.   12 fr.

MIGNERET. Traité de l'Affouage dans les bois communaux. 1844. in-8.   7 fr. 50.

GERBAUD. Recherches historiques sur le Bois de chauffage, à Paris, et sur quelques-unes des institutions administratives, municipales et judiciaires de la France, depuis les derniers temps du moyen âge jusqu'au 18e siècle. 1851. in-8.   5 fr.

Chasse et Louveterie.

BAUDRILLART. Dictionnaire des Chasses, contenant les dispositions réglementaires sur l'exercice de la chasse dans les bois et en plaine. 1834. in-4, et atlas gr. in-4.   25 fr.

BERRIAT-SAINT-PRIX (Ch). Législation de la Chasse et de la Louveterie commentée; comprenant : la loi du 3 mai 1844, avec sa discussion aux Chambres ; les anciennes Ordonnances, la Jurisprudence, les Instructions ministérielles, la Doctrine des auteurs. 1845. 1 vol. in-8.

CAMUSAT BUSSEROLLES et FRANCK CARRÉ. Code de la Police de la chasse. 1844. in-8.   4 fr. 50 c.

CHAMPIONNIÈRE. Manuel du Chasseur. 1844. in-18.

CHARDON. Le Droit de chasse français. 1846, 1 vol. in-8.   3 fr.

CIVAL. Loi sur la Police de la chasse annotée. 1852. in-8.   3 fr.

DUFOUR (Baron). Loi de la Chasse commentée. 1854. in-8.   3 fr.

DUVERGIER. Code de la Chasse commenté. 1844. in-8.   1 fr. 50 c.

GILLON ET DE VILLEPIN. Nouveau Code des Chasses, contenant une introduction historique du droit de chasse ; la loi fondamentale du 3 mai 1844, et les autres lois ; les discussions parlementaires. 1850. 1 vol. in-12.   3 fr. 50

GISLAIN. Le Chasseur prud'homme. Namur. 1855. in-8.   5 fr.

HOUEL. Code de la Chasse. 1844. in-32.   1 fr. 50

PERRÈVE. Traité des Délits et des Peines de chasse dans les forêts de l'Etat, les propriétés de la liste civile, des communes, des établissements publics et des particuliers. 1845. in-8.   6 fr.

PETIT. Traité complet du Droit de chasse. 1855. 2 v. in-8.   15 fr.

RÉNÉ et LIERSEL. Nouveau traité de la chasse et de la pêche. 1855. in-18.   4 fr.

ROGRON. Code de la chasse. 1850. in-18. 4 f.

Pêche.

BAUDRILLART. Code de la Pêche fluviale, etc. 1829. 2 v. in-12 et atlas.   10 fr.

— Dictionnaire des Pêches, contenant les dispositions réglementaires tant sur la pêche fluviale que sur la pêche maritime. 1827. in-4 et atlas gr. in-4.   30 fr.

BROUSSE. Code de la Pêche fluviale, avec l'exposé des motifs, la discussion des deux chambres, et des observations sur les articles. 1829. in-8.   5 fr.

ROGRON. Voy. p. 25.

DROIT RURAL.

BOURGUIGNAT. Traité complet de Droit rural appliqué. 1851. in-8.   7 fr.

BIRET. Code rural, ou Analyse raisonnée des lois, décrets et ordonnances rendus en matière rurale. 1824. in-8.   6 fr.

CAPPEAU. Traité de la Législation rurale et forestière. 1824. 3 vol. in-8.   20 fr.

FOURNEL. Les Lois rurales de la France rangées dans leur ordre naturel. 7e éd. 1833. 2 v. in-12.   7 fr.

GUICHARD (A.-C.). Cours de Droit rural. 1826. in-8.   8 fr.

—Manuel de la Police rurale et forestière, de la Chasse et de la Pêche. 1829. in-8.   6 fr.

NEVEU DE ROTRIE. Commentaire des Lois rurales de la France, suivi d'un *Essai sur les usages locaux.* 1845. 1 fort vol. in-8.   7 fr. 50

VALSERRES (J. de). Manuel de Droit rural et d'Économie agricole. 2e éd., augmentée de toute la législation annotée. 1848. in-8.   9 fr.

APPENDICE
à la première partie.

LÉGISLATION,
RECUEILS GÉNÉRAUX.

Lois anciennes.

ISAMBERT, DECRUZY, JOURDAN ET TAILLANDIER. Recueil général des anciennes Lois françaises, depuis 420 jusqu'à la révolution de 1789. 30 v. in-8, y compris 1 vol. de table.   120 fr.

ORDONNANCES des Rois de France de la 3e race, recueillies par ordre chronologique. 1723-1847. 23 vol. in-folio.   550 fr.

PARDESSUS. Loi salique, ou Recueil contenant les anciennes rédactions de cette loi et le texte connu sous le nom de *Lex emendata.* Paris. 1843. Impr. roy. in-4.   35 fr.

PAILLIET. Manuel complémentaire des Codes français et de toutes les collections de lois, contenant les lois, ordonnances, édits, etc., antérieurs à 1789 et restés en vigueur. 1846. 2 vol. in-8.   15 fr.

WALKER. Collection complète, par ordre chronologique, des Lois, Édits, Traités de paix, Ordonnances, Déclarations et Règlements d'intérêt général, antérieurs à 1789, restés en vigueur, avec une table des matières. 1846. 5 v. in-8. 35 fr.

Ce recueil sert de complément à toutes les collections de lois qui commencent à 1789.—La modicité de son prix l'a fait souvent préférer au recueil plus complet, mais bien plus volumineux, de M. Isambert.

Lois modernes.

BULLETIN DES LOIS, Arrêtés, Décrets, Ordonnances, rendus depuis 1789 jusques et y compris 1856. 197 v. in-8, y compris les *Tables* (7 v.). 300 fr.
—Tables du Bulletin, 1814 à 1843, 3 v. in-8. 25 fr.

CARETTE. Lois, Décrets, Ordonnances et Avis du Conseil d'État de 1789 à 1856 inclus, avec notes et commentaires. 3 v. in-4. 100 fr.

Séparément :

1re série. 1789 à 1830.	40 fr.
2e série. 1831 à 1848.	40 fr.
3e série. 1848 à 1854.	40 fr.
Années 1855 et 1856.	12 fr.
Abonnement annuel.	6 fr.

CORPS DU DROIT FRANÇAIS. 1789 à 1854, Recueil complet des Lois, Décrets, Ordonnances, Arrêtés, Sénatus-consultes, Règlements, Avis du Conseil d'État, Rapports au roi, Instructions ministérielles, avec une Table analytique des Matières, mis en ordre et annotés par C.-M. GALISSET, avocat, ancien président du tribunal de Pithiviers. 15 vol. grand in-8. 150 fr.

Cette collection est continuée depuis 1855 par le recueil de Lepec, indiqué ci-après.

DUVERGIER. Collection complète des Lois, Décrets, Règlements, Avis du conseil d'État, 1789 à 1830 inclus. 2e éd. 30 v. in-8. 150 fr. Années 1831 à 1856 faisant suite à la collection. 26 v. 190 fr.
Abonnement annuel. 10 fr.
— Table générale, analytique et raisonnée des Lois, Décrets, etc., depuis 1789 y compris 1830. 2 v. in-8. 18 fr.

LEPEC. Bulletin annoté des Lois, depuis 1789 jusques et y compris 1830. 20 vol. in-8. y compris la table. *Séparém.*, 100 fr.
—Table gén. anal. des matières. 4 v. in-8. 20 fr.
—Recueil général des Lois et Ordonnances de 1830 à 1856. 26 vol. in-8. 100 fr.
—*Abonnement annuel.* 6 fr.
Depuis 1855 cet ouvrage fait suite au *Corps du Droit français* de Galisset.

RONDONNEAU. Table générale, par ordre alphabétique de matières, des Lois, Sénatus-consultes, Décrets, etc., publiés dans le *Bulletin des Lois* et les *Collections officielles*, depuis le 5 mai 1789 jusqu'au 1er avril 1814. 4 v. in-8. 14 fr.

———

CARREY. Recueil complet des Actes du Gouvernement provisoire (février à mai 1848), 1848. in-18. 6 fr.

RECUEIL des Décrets rendus par le prince LOUIS-NAPOLÉON, depuis le 2 décembre 1851 jusqu'au 29 mars 1852, pendant que le pouvoir législatif a été concentré dans ses mains. 1853. 1 vol. in-8. 6 fr.

VOYSIN DE GARTEMPE. Tables chronologiques et alphabétiques des Lois d'un intérêt public et général (depuis 1789 jusqu'à 1851). 1852. in-12. 2 fr. 50

Lois diverses.

CHABROL-CHAMÉANE, V. p. 30.

GARNIER-DUBOURGNEUF et CHANOINE. Les Lois d'instruction criminelles et pénales, ou Appendice aux Codes criminels. 1826-31. 4 vol. in-8. 10 fr.

HALPHEN. Recueil des Lois, Décrets, etc., concernant les Israélites depuis la révolution de 1789. 1851. 1 vol. in-8. 7 fr. 50

LOIS CIVILES INTERMÉDIAIRES, ou Collection des Lois sur l'état des personnes et les transmissions des biens depuis 1789 jusqu'en mars 1804, par Sirey et Sanfourche-Laporte. 1806. 4 v. in-8. 12 fr.

LUSIGNAN (de). Les Lois de l'empire français à l'usage des propriétaires, commerçants, etc. 1854. 15 fr.

MARS (A.). Corps de Droit criminel. 1821. 2 v. in-4. 15 fr.

ROUEN ET VINCENT. Corps des Lois commerciales. 1839. 2 v. in-8. 12 fr.

THIÉRIET, Voy. p. 17.

Lois forestières, Voy. p. 25.

Colonies.

DARESTE. De la Propriété en Algérie. 1852. in-12. 3 fr.

DELABARRE DE NANTEUIL. Législation de l'île Bourbon, Répertoire raisonné des lois, ordonnances, etc. 1844. 3 v. gr. in-8. 25 fr.

FRANQUE. Lois de l'Algérie du 5 juillet 1830 au 1er janvier 1841. 3 v. in-8. 15 fr.

MÉNERVILLE (De). Dictionnaire de la Législation algérienne. 1 v. gr. in 8. 1853. 15 f.
—Supplément contenant les lois, décisions et arrêtés pendant les années 1853 à 1855 inclus; suivi d'une table chronologique. 1856. 1 vol. in-8. 5 fr.

RECUEIL DES LOIS relatives à la Marine et aux Colonies, an V à 1807. 18 vol. in-8 y compris la table. 60 fr.

Lois étrangères.

ANTHOINE DE SAINT-JOSEPH. Voyez Code civil et Code de comm., p. 2 et 16.

BELLOT. Loi de la Procédure civile du canton de Genève, suivie des lois d'organisation judiciaire du 5 déc. 1852, etc. 1857. in-8. 9 fr.

BLAKLAND. Codex legum anglicanarum, on a digesto principles of english law, arranged in the order of the Code Napoléon. London, 1859. 1 vol. gr. in-8. 15 fr.

BLACKSTONE. Commentaire sur les Lois anglaises, nouvelle traduction par Chompré. 1822. 6 v. in-8. 30 fr.

CUSTANCE. Tableau de la Constitution du royaume d'Angleterre. 1817. in-8. 5 fr.

DELOLME. Constitution de l'Angleterre. 1822. 2 vol. in-8. 10 fr.

FOUCHER(Victor).Collection desLois civiles et criminelles des Etats modernes. 9 v. in-8. *Chaque Code se vend séparément.*

—Lois de la procédure criminelle et Lois pénales du royaume des Deux-Siciles, etc. 1836. in-8. 7 fr.

—Code pénal de l'empire d'Autriche 1836. 1 vol. in-8.

— Code civil de l'empire d'Autriche. 1837. in-8. 7 fr.

— Code de procédure civile du canton de Genève. 1837. in-8. 7 fr.

— Code de commerce et de procédure commerciale du royaume d'Espagne. 1838. in-8. 8 fr.

— Code de commerce du royaume de Hollande. 1839. in-8. 7 fr.

—Code civil de l'empire de Russie. in-8. 8 fr.

—Code civil du royaume de Sardaigne, précédé d'un travail comparatif avec la législation française; par M. le comte de Portalis. 1844. 2 v. in-8. 10 fr.

—Code criminel de l'empire du Brésil. 1836. 1 vol. in-8.

—Assises de Jérusalem (texte français et italien) conférées avec les lois des Francs, les Capitulaires, les *Etablissements de Saint-Louis* et le Droit romain. 1839. (6 livraisons sont en vente.) 12 fr.

GAND. Code des Etrangers.1833. 1 vol. in-8. 10 fr.

GIBELIN (E.). Etudes sur le Droit civil des Hindous; recherches de législation comparée sur les lois de l'Inde, les lois d'Athènes et de Rome, et les coutumes des Germains. Pondichéry, 1846-1847. 2 vol. in-8. 14 fr.

GREGORY. Statuti civili criminali di Corsica. 1843. 1 v. gr. in-8. 14 fr.

JOUFFROY. Constitution de l'Angleterre. Berlin. 1843. in-8. 6 fr.

LAYA. Droit anglais. 1843. 2 v. in-8. 15 fr.

LEBARON. Le Code des étrangers, ou Recueil des lois et de la jurisprudence anglaise. 1849. in-8. 12 fr.

LÉGAT. Code des étrangers, ou Traité de la législation française concernant les étrangers. 1832. in-8. 5 fr.

LERMINIER. Histoire des Législateurs et des Constitutions de la Grèce antique. 1852. 2 vol. in-8. 10 fr.

LUBLINER. Concordance entre le Code civil de Pologne et le Code civil français. 1848. in-8. 6 fr.

SALINAS. Manuel des Droits civils et commerciaux des Français en Espagne, et des étrangers en général. 1829. in-8. 5 fr.

VATEL. Cod. pén. de Bavière. 1852. in-8. 7 f.

WESTOBY.Résumé de Législation anglaise en matières civile et commerciale.1 vol.in-8. 1853. 6 fr.

WHEELOCK. Code civil de la Louisiane, annoté. 1838. 1 vol. grand in-8. 40 fr.

JURISPRUDENCE.

Recueils généraux.

DALLOZ. Jurisprudence générale du royaume ou Répertoire méthodique et alphabétique de législation, de doctrine et de jurisprudence; nouvelle édition entièrement refondue jusqu'en 1844. 44 vol. in-4. (33 sont en vente.) 528 fr.

— Années 1845-56. 12 vol. 288 fr.

— *Abonnement annuel.* 27 fr.

DALLOZ (Arm.). Dictionnaire général et raisonné de Jurisprudence en matières civile, commerciale, criminelle, administrative et de droit public. 1836. 12 liv. in-4. 135 fr.

—Les livraisons 10,11 et 12 séparément. 56 fr.

DEVILLENEUVE ET CARETTE. Recueil général des Lois et des Arrêts avec notes et commentaires, rédigé sur l'ancien Recueil de Sirey, divisé en deux séries.

La 1re, 1791 à 1830 inclus, 9 v. in-4. 150 fr.

La 2e, 1831 à 1856 inclus, 26 v. in-4. 350 fr.

Les 2 séries, prises ensemble, 35 vol. 450 fr.

Les 2 séries, avec les Lois annotées (1789 à 1856 inclus), par M. Carette, 3 vol. in-4, et la Table générale alphabétique ou Jurisprudence du XIXe siècle (1791 à 1854). ensemble, 42 forts vol. in-4. 550 fr.

Table générale du Recueil des lois et des arrêts, rédigée par MM. Devilleneuve et Gilbert; ouvrage présentant le résumé comparatif de la jurisprudence, des arrêts et de la doctrine des auteurs. 4 vol. in-4. *Séparément.* 80 fr.

Abonnement annuel, pour Paris. 24 fr.

Pour les départements. 27 fr.

JOURNAL DU PALAIS. Nouvelle édition, 1791 à 1856 inclus. 67 vol. gr in-8. 550 fr.

—*Abonnement annuel,* 27 fr.

RÉPERTOIRE GÉNÉRAL,contenant la Jurisprudence de 1791 à 1845, la Législation, et la Doctrine des auteurs, avec une Table générale. 13 vol. gr. in-8 ou in-4. 180 fr.

BULLETIN DES ARRÊTS de la Cour de cassation rendus en matière civile et en matière criminelle depuis l'an VII (1798) jusques et y compris 1855. 116 v. in-8. 450 fr.

On vend séparément :

Partie civile. 57 v. in-8. 150 fr.

Partie criminelle. 60 v. in-8. 300 fr.

Abonnement annuel pour les 2 parties. 16 f.

Recueils spéciaux.

MACAREL, DELOCHE, BEAUCOUSIN ET LEBON. Recueil des Arrêts du conseil, ou Ordonnances royales rendues en conseil d'Etat sur toutes les matières du contentieux de l'administration. 1821 à 1856. 38 v. in-8.

—*Abonnement annuel.* 15 fr.

ROCHE (G.) **ET LEBON.** Recueil général des Arrêts du conseil d'Etat, depuis l'an VIII jusqu'en 1839, avec des annotations, etc., et une table analytique et alphabétique. 7 v. in-8. 70 fr.

ANNALES du Droit commercial, recueil mensuel de législation, de doctrine et de jurisprudence commerciale, par LEBIR, Docteur en droit. 1842 à 1856 incl. 22 v. in-8. 150 fr.
—*Abonnement annuel.* 18 fr.
GIROD ET CLARIOND. Journal de Jurisprudence commerciale et maritime, 31 vol. in-8. 1855 inclusivement. 250 fr.
—Abonnement pour 1856. 22 fr.
JOURNAL du Droit commercial, rédigé par M. Rivière, avocat à la Cour Impériale, et M. Huguet, avocat à la Cour de cassation, années 1855 et 1856. 20 fr.
—*Abonn. à l'année courante*, Paris. 10 fr.
Départements. 12 fr.
JOURNAL de Procédure civile et commerc.; par BIOCHE. 1835 à 1856. 22 vol. in-8. 140 fr.
—*Abonnement annuel.* 11 fr. 50
JOURNAL des Tribunaux de commerce, par TEULET et CAMBERLIN. Années 1851 à 1856. 60 fr.—Abonnement 1857. 12 fr.
JOURNAL des Assurances terrestres, maritimes, sur la vie, etc.; par POUGET, avocat. Années 1850 à 1856. 60 fr.
—*Abonnement annuel.* 12 fr.

———

REVUE PRATIQUE de Droit français, Jurisprudence, Doctrine et Législation, par Mourlon, Demangeat, Ballot et Ollivier. 1re année. 1856. 15 fr.
Abonn. à l'année courante ; Départ. 15 fr.
Etranger. 18 fr.
REVUE CRITIQUE de Jurisprudence en matière civile, administrative, commerciale et criminelle, formant le complément doctrinal des recueils d'arrêts publiés par MM. Demolombe, V. Marcadé, P. Pont, De Cormenin et V. Molinier. — Années 1851 à 1856. 6 vol. in-8. 120 fr.
—*Abonnement annuel.* 18 fr.
REVUE ÉTRANGÈRE ET FRANÇAISE de Législation, de Jurisprudence et d'Economie politique, par une réunion de jurisconsultes et de publicistes; publiée, pour la partie étrangère, par M. Fœlix, Docteur en droit; pour la partie française, par M. J.-B. Duvergier, Avocat à la Cour impériale de Paris; et par M. Valette, Professeur de Code civil à la Faculté de droit de Paris. *Années* 1833 *à* 1843. 11 gros v. in-8. 200 fr.
REVUE DE DROIT FRANÇAIS ET ÉTRANGER. Continuation de la *Revue étrangère et française*, publiée par MM. Duvergier, Fœlix, Valette, Bonnier et Laferrière. *Années* 1844 à 1851. 8 gros v. in-8. 140 fr.
REVUE DE LÉGISLATION et de Jurisprudence, publiée sous la direction de M. L. Wolowski, et de MM. Troplong, Ch. Giraud, Faustin Hélie et Ortolan. Compris l'année 1852 et la table décennale. 120 fr.
THEMIS, ou Bibliothèque du jurisconsulte, par une société de jurisconsultes. 1820-29. 10 v. in-8. 100 fr.

MORIN. Journal du droit criminel, Jurisprudence criminelle de la France. 1829-1856. 28 vol. in-8.—*Abonnement annuel.* 10 fr.
N. B.— Pour les Journaux des Avoués, Huissiers et Notaires, *V.* ces mots à la 2e partie.

JOURNAUX QUOTIDIENS.

DROIT (LE). Journal des tribunaux, de la jurisprudence, des débats judiciaires et de la législation, depuis le 1er novembre 1835 jusqu'en 1856. 400 fr.
— *Abonnement annuel.* 64 fr.
GAZETTE DES TRIBUNAUX, journal de Jurisprudence et des débats judiciaires, depuis sa création (1er novembre 1825) jusques et y compris 1856. 31 années avec les tables annuelles. 600 fr.
— *Abonnement annuel.* 72 fr.

RÉPERTOIRES.

COULON. Dialogues ou Questions de droit controversées qui se présentent le plus fréquemment devant les tribunaux. 1838-53. 4 vol. 36 fr.
DUPORT-LAVILLETTE. Questions de droit tirées des consultations, mémoires et dissertations de l'auteur. 7 v. in-8. 50 fr.
FAVARD DE LANGLADE. Répertoire de la nouvelle législation civile, commerciale et administrative. 1823. 5 v. in-4. 60 fr.
MERLIN. Répertoire universel et raisonné de Jurisprudence. 5e éd. 1827-1828. 18 v. in-4, ou 36 v. gr. in-8 ; et Recueil alphabétique des questions de droit. 4e éd. 8 v. in-4, ou 16 v. gr. in-8. 260 fr.
—Complément de la 4e éd. du Répertoire, t. 16 et 17. in-4.
—Recueil alphabétique des questions de droit. 4e édition. 8 vol. in-4. 90 fr.
—Complément des 2e et 3e édit. Tomes 7, 8 et 9, in-4.
ANNOTATIONS sur chaque article des cinq Codes, de toutes les questions traitées dans le nouveau *Répertoire de jurisprudence* de Merlin. 1826. in-4. 8 fr.
RONDONNEAU. Table générale alphabétique et raisonnée des matières contenues dans le *Répertoire de jurisprudence* et les *Questions de droit de Merlin.* 1829. in-4, ou 2 vol. in-8. 30 fr.
MORIN. Répertoire général et raisonné du Droit criminel, etc. 1851. 2 vol. grand in-8. 30 fr.
SEBIRE ET CARTERET. Encyclopédie du Droit, ou Répertoire raisonné de législation et de jurisprudence en matières civile, criminelle et commerciale, etc. 20 livraisons gr. in-8. (Ouvrage non terminé). 75 fr.

DICTIONNAIRES.

BIDARD. Dictionnaire de la Jurisprudence de la Cour impériale de Caen de 1800 à 1854. 3 vol. in-8. 30 fr.

———

BOUSQUET (J.). Nouveau Dictionnaire de Droit, résumé général de la législation, de la doctrine et de la jurisprudence dans toutes les matières. 2 v. gr. in-8. 25 fr.

CHABROL-CHAMÉANE, Dictionnaire de Législation usuelle, contenant les notions du droit civil, commercial, criminel et administratif, etc., avec des Formules d'actes et contrats et le droit d'enregistrement de chacun d'eux. 1850. 4ᵉ éd. 2 gr. v. in-8. 12 fr.

—Dictionnaire des Lois criminelles et pénales annotées. 1850. 2 forts v. gr. in-8. 12 fr.

CHICOISNEAU. Nouveau Dictionnaire des Lois, renfermant la législation la plus récente. 1851. in-8. 7 fr.

CRIVELLI. Dictionnaire de Droit civil, commercial, criminel et de procédure civile et criminelle. 1825. in-8. 6 fr.

DELBREIL. Dictionnaire de Droit, ou Résumé de la législation et de la jurisprudence française. 1849, in-8. 6 fr.

DUTARD ET SASSERRE. Dictionnaire de Jurisprudence usuelle. 1844. in-8. 7 fr.

SOUQUET (J.-B.). Dictionnaire des Temps légaux, ou Répertoire général de Législation, de doctrine et de jurisprudence, concernant principalement les prescriptions, péremptions, déchéances, délais, dates, durées, âges requis, avec la solution de toutes les questions qui s'y rattachent en matières civile, commerciale, criminelle et administrative, disposé en tableaux synoptiques et par ordre alphabétique de matières, précédé d'une Introduction où sont développés les principes généraux. Nouv. édit. 1846. 2 v. gr. in-4. 20 fr.

TEULET. Dictionnaire des Codes français, ou Manuel du droit. 1836. gr. in-8. 10 fr.

TOLLUIRE ET BOULET. Le Ferrière moderne, ou Nouveau Dictionnaire des termes de droit et de pratique, etc. 1840. in-8. 8 fr.

DEUXIÈME PARTIE.
Matières diverses, par ordre alphabétique,
Avec des renvois à celles déjà comprises dans la 1re partie.

—

A
ADMINISTRATION DE LA JUSTICE.
BÉRENGER. De la Justice criminelle en France, d'après les lois permanentes, les lois d'exception et les doctrines des tribunaux. 1818. 8 fr.

COTTU. De l'Administration de la justice criminelle en Angleterre. 2e éd. 1822. in-8. 6 fr.

EYRAUD (d'). De l'Administration de la justice et de l'ordre judiciaire en France. 2e éd. 1825. 3 v. in-8. 10 fr.

LACUISINE. Administration de la justice criminelle en France. 1841. in-8. 3 fr.

PARDESSUS. Essai historique sur l'Organisation judiciaire et l'Administration de la justice depuis Hugues Capet jusqu'à Louis XII. 1851. 8 fr.

AGENDA. Voy. page 55.

ART DE GUÉRIR.
GUIBOURT. Manuel légal des Pharmaciens et des Elèves en pharmacie. 1852. in-12. 2 fr.

TRÉBUCHET. Jurisprudence de la Médecine, de la Chirurgie et de la Pharmacie en France. 1834. in-8. 9 fr.

ASSISTANCE JUDICIAIRE.
DUBEUX. Essai sur l'institution de l'Avocat des pauvres et sur les moyens de défense des indigents dans les procès civils et criminels en France, Sardaigne, etc. 1847. in-8. 8 fr. 50

DORIGNY. De l'Assistance judiciaire et des Immunités spéciales accordées aux indigents, etc. 1852. in-8. 3 fr. 50

ASSURANCES. Voy. p. 19.

AVOCATS.
CHAUVOT. Le Barreau de Bordeaux de 1775 à 1815. 1856. in-8. 6 fr.

DUPIN. Lettres sur la Profession d'avocat. 5e éd. entièrement refondue et considérablement augmentée. 1832. 2 v. in-8. 17 fr.

—Manuel des Étudiants en droit et des jeunes avocats, Recueil d'opuscules de jurisprudence. 1851. in-18. 5 fr.

FOURNEL. Histoire des Avocats au parlement de Paris, depuis saint Louis jusqu'au 15 octobre 1790. 1813. 2 v. in-8. 8 fr.

MOLLOT. Règles sur la Profession d'avocat, suivies des lois et règlements qui le concernent. 1842. in-8.

—Abrégé des Règles de la Profession d'Avocat. in-12. 4 fr.

PASQUIER, ou Dialogue des Avocats du parlement de Paris, par A. Loisel, nouv. édit., par M. Dupin aîné. 1844. in-18. 4 fr.

PINARD. Le Barreau. 1843. in-8. 6 fr.

— L'Histoire à l'audience, 1840-48. 1848. in-8. 6 fr.

AVOUÉS.
JOURNAL DES AVOUÉS, par M. Chauveau (Adolphe). — 81 vol. in-8, jusques et y compris 1856. 250 fr.

—*Abonnement annuel.* 15 fr.

B
BARREAU (ANNALES DU).
ANNALES du Barreau français, ou Choix de plaidoyers et mémoires les plus remarquables, tant en matière civile qu'en matière criminelle, depuis Lemaistre et Patru jusqu'à nos jours, etc. 1833-47. 20 vol. in-8. 100 fr.

CLAIR ET CLAPIER. Barreau anglais, ou choix des meilleurs plaidoyers des avocats anglais. 1824. 3 v. in-8. 30 fr.

— Barreau français, ou Collection de chefs-d'œuvre de l'éloquence judiciaire en France, ancien et nouveau barreau. 1821. 16 v. in-8. 100 fr.

FALCONNET. Le Barreau français moderne, ou Choix de plaidoyers des plus célèbres avocats. 1806. 2 v. in-4.

GRELLET-DUMAZEAU. Le Barreau romain. Recherches et Études sur le barreau de Rome, depuis son origine jusqu'à Justinien. 1851. in-8. 7 fr. 50

—

BELLART. OEuvres complètes, avec une Notice par Billecocq. 1827-28. 6 v. in-8. 30 fr.

BERVILLE. Fragments oratoires. 1845. in-8. 7 fr.

BONNET. Discours, Plaidoyers et Mémoires. 1839. 2 v. in-8. 15 fr.

COCHIN. Voy. p. 50.

D'AGUESSEAU. Voy. p. 50.

DEBAST (Amédée). Les Galeries du Palais de Justice de Paris (1280 à 1780). Mœurs, usages, coutumes et traditions judiciaires. 1851-1854. 4 vol. in-8. 24 fr.

Les tomes 3 et 4, publiés en 1854. 12 fr.

DELAMALLE. Mémoires et Plaidoyers. 1827. 4 v. in-8. 24 fr.

DUPIN. Réquisitoires, Plaidoyers et Discours de rentrée, depuis le mois d'août 1830 jusqu'à ce jour. 11 v. in-8. 1852. 80 fr.

Voyez *Causes célèbres.*

BARREAU (DIDACTIQUE).
BERRYER fils. Leçons et Modèles d'éloquence judiciaire, du 14e au 19e siècle. 1838. in-4. 10 fr.

BOINVILLIERS. Principes et Morceaux choisis d'éloquence judiciaire. 1826. in-8. 8 fr.

DELAMALLE. Essai d'Institutions oratoires à l'usage de ceux qui se destinent au barreau. 1822. 2 v. in-8. 8 fr.

GORGIAS (Paignon). Éloquence et Improvisation, art de la parole oratoire, au barreau, à la tribune et à la chaire. 1854. 1 v. in-8. 7 fr.

LACRETELLE. Éloquence judiciaire etphilosophie législative. 1821. 3 v. in-8. 15 fr.

PHELIPPES DE TRONJOLY. Essais historiques et philosophiques sur l'Eloquence judiciaire, depuis sa naissance jusqu'à nos jours. 1829. 2 v. in-8. 10 fr.

OSCAR DE VALLÉE. De l'Eloquence judiciaire au 17ᵉ siècle; Antoine Lemaître et ses Contemporains. 1856. 1 vol. in-8. 7 fr. 50

BREVETS D'INVENTION, CONTREFAÇON.

ARMENGAUD. Guide-Manuel de l'Inventeur et du Fabricant, etc. 3ᵉ ed. 1853. in-8. 5 fr.

BLANC. L'Inventeur breveté, Code des inventions et des perfectionnements. 3ᵉ édition. 1845. 1 fort vol. in-8. 7 fr. 50

— Traité de la Contrefaçon en tous genres et de sa poursuite en justice, concernant : les œuvres littéraires, dramatiques, musicales, artistiques, les dessins, les marques de fabriques, les inventions brevetées, etc. 1855. in-8. 10 fr.

BLANC et BEAUME. Code général de la Propriété industrielle, littéraire et artistique. 1854. 7 fr. 50

BREULIER. Du Droit de Perpétuité de la Propriété intellectuelle. Théorie de la propriété des écrivains, des artistes, des inventeurs et des fabricants. 1855. in-8, 4 fr.

GASTAMBIDE. Traité théorique et pratique des Contrefaçons en tout genre. 1837. in-8. 7 fr.

LEHIR. Commentaire de la loi sur les Droits d'invention. 1844. in-12. 2 fr. 50

LESENNE. Traité des Brevets d'invention et des Droits d'auteur. 1849. 1 vol. in-8. 6 fr.

LOISEAU ET VERGÉ. Loi sur les Brevets d'invention. in-18. 1 fr. 50 c.

LOOSEY. (Ch.). Recueil des lois publiées dans tous les Etats de l'Europe, les Etats-Unis de l'Amérique et les Indes d'ouest de la Hollande, sur les Priviléges et les Brevets d'invention. Vienne, 1849. in-8. 15 fr.

NION (**ALFRED**). Droits civils des auteurs, artistes et inventeurs. 1846. 1 v. in-8. 7 fr. 50

NOUGUIER. Des Brevets d'invention et de la Contrefaçon. 1856. in-8. 7 fr. 50

PATAILLE et HUGUET. Code international de la propriété industrielle, artistique et littéraire, etc. 1855. 5 fr.

—Annales de la Propriété industrielle, artistique et littéraire, journal mensuel.
Années 1855 et 1856. 20 fr.
Abonnement à l'année courante. 12 fr.

PERPIGNA. Manuel des Inventeurs brevetés. 1852. in-8. 5 fr.

REGNAULT. De la Législation et de la Jurisprudence concernant les Brevets d'invention, de perfectionnement et d'importation. 1825. in-8. 7 fr.

RENDU, Avocat à la Cour de cassation, et CH. DELORME, Avocat. Traité pratique de Droit industriel ou exposé de la législation et de la jurisprudence sur les établissements industriels, les brevets d'invention, la propriété industrielle, artistique et littéraire, les obligations particulières à l'industrie, avec un répertoire alphabétique et les formules des principaux actes industriels. 1 vol. in-8. 1855. 8 fr.

RENOUARD. Traité des Brevets d'invention, de perfectionnement et d'importation, etc. 2ᵉ éd. 1844. in-8. 8 fr.

— Traité des Droits d'auteurs, dans la littérature, les sciences et les beaux-arts. 1838. 2 v. in-8. 15 fr.

TILLIÈRE. Traité théorique et pratique des Brevets d'invention. Bruxelles. 1854. in-8. 11 fr.

VILLEFORT. De la Propriété littéraire et artistique, au point de vue international, Aperçu sur la législation étrangère. 1851, in-8.

G

CAUSES CÉLÈBRES.

CAUSES célèbres étrangères, publiées pour la première fois en français, traduites de l'anglais, de l'italien, de l'espagnol, etc. 1828. 5 v. in-8. 30 fr.

CAUSES célèbres criminelles et politiques du 19ᵉ siècle, rédigées par une société d'avocats. 1827-28. 8 v. in-8. 45 fr.

CHAMPAGNAC. Causes célèbres anciennes et nouvelles, extraites du recueil de *Guyot de Pitaval, Garsault,* nouv. éd. 1823. 8 v. in-8. 40 fr.

MEJAN. Recueil de Causes célèbres et des arrêts qui les ont décidées. 1808 et années suivantes. 21 v. in-8. 75 fr.

ST-EDME. Répertoire général des Causes célèbres anciennes et modernes. 1836-37. 15 v. in-8. 50 fr.

CHEMINS DE FER.

BACQUA. Législation des Chemins de fer. 1847. 1 vol. in-8. 7 fr. 50

CERCLET. Code des Chemins de fer, ou Recueil complet des lois, ordonnances, cahiers de charges, statuts, etc. 1843. in-8. 7 fr. 50

CHAIX. Répertoire de la législation des chemins de fer. 1855. In-12. 3 fr.

FÉRAUD-GIRAUD. Législation des Chemins de fer, par rapport aux propriétés riveraines, 1853. 1 vol. in-8. 7 fr.

GAND. Traité de la Voirie et de la Police des chemins de fer 1846. in-8. 8 fr.

GUILLAUME. De la Législation des rails, routes et chemins de fer en Angleterre et en France. 1838. in-8. 6 fr.

NANCY. Legislation et Police des chemins de fer. 1854. in-8.   5 fr.

NOGENT-SAINT-LAURENT. Traité de la Législation et de la Jurisprudence des chemins de fer. 1841. in-8.   7 fr.

PAIGNON. Traité de la Police des chemins de fer, etc. 1853. in-12.   6 fr.

PERDONNET. Traité élémentaire des chemins de fer. 2 vol. in-8. 1855.   15 fr.

REBEL ET JUGE. Traité théorique et pratique de la Législation et de la Jurisprudence des Chemins de Fer, suivi du Règlement du 15 novembre. 1 vol. in-8. 1847. 7 fr. 50

CHEMINS VICINAUX.

ANNALES des Chemins vicinaux, années 1845 à 1856 inclus. 12 vol. in-8.   78 fr.
Abonnement annuel.   10 fr.

DEMILLY. Traité de l'Administration des chemins vicinaux. 1859. in-8.   4 fr.

DUMAY. Commentaire de la loi du 21 mai 1836, sur les chemins vicinaux, comprenant un Traité général de l'alignement, etc. 2 v. in-8. 1844.   14 fr.

FLACHAT-MONY et BONET. Manuel et Code d'entretien et de construction, d'administration et de police des routes et chemins vicinaux. 1836. in-12.

GARNIER. Traité des Chemins de toute espèce avec un supplément d'après la loi du 21 mai 1836, 4e éd. 2 vol. in-8. 1854-55.   14 fr. 50

GARNIER. Législation et Jurisprudence nouvelles sur les chemins et voies publiques de toutes espèces. 1 vol. in-8.   6 fr.

GRANDVAUX. Code pratique des Chemins vicinaux, d'après le nouveau règlement général, augmenté d'un commentaire, de modèles, de texte des lois, etc., applicables à la voirie vicinale. 1857. in-8.   8 fr.

HERMAN. Code des Chemins vicinaux, contenant les dispositions législatives encore en vigueur, avec un Modèle de règlement général sur l'ensemble du service vicinal. 1847. in-8.   8 fr. 50

SOLON. Des Chemins vicinaux.—Commentaire de la loi du 21 mai 1836. in-8.   3 fr.

CIRCULAIRES ET INSTRUCTIONS.

GILLET. Analyse chronologique des Circulaires, Instructions et Décisions, émanées du ministère de la justice, depuis le 12 janvier 1791 jusqu'au 1er janv. 1856. 2e édit. 1857. 1 fort vol. in-8.   8 fr.

MASSABIAU. Table alphabétique et chronologique des Instructions et Circulaires émanées du ministère de la justice, depuis brumaire an IV (1795) jusqu'au 1er janvier 1857. in-4°.   4 fr.

COMMISSAIRES-PRISEURS.

BENOU. Code et manuel du Commissaire-priseur, ou Traité des Prisées et Ventes mobilières. 1835-36. 2 v. in-8.   15 fr.

GALOUZEAU DE VILLEPIN. Commentaire sur les Ventes aux enchères des marchandises neuves. 1841. in-18.   3 fr.

JAY (L.). Ventes publiques de marchandises neuves d'après la loi du 25 juin 1841. in-8.   4 fr.

LEHIR. Traité de la prisée et de la vente aux enchères des meubles et des marchandises, suivi du commentaire de la loi sur les fruits et récoltes. 1855. 2 vol. in-8.   14 fr.

COMPÉTENCE ET PROCÉDURE ADMINISTRATIVE.

CHAUVEAU ADOLPHE. Principes de Compétence et de Juridiction administratives. 3 v. in-8.   21 fr.

CHAUVEAU ADOLPHE. Code d'Instruction administrative, ou Lois de la procédure administrative, contenant, dans l'ordre du Code de procédure civile, les règles de l'instruction devant les tribunaux administratifs, etc. 1 v. in-8. 1848.

CROZET. Procédure administrative. 1855. 1 vol. in-8.   8 fr.

MACAREL. Des Tribunaux administratifs, ou Introduction à l'étude de la jurisprudence administrative. 1828. in-8.   10 fr.

SERRIGNY. Traité de l'Organisation, de la Compétence et de la Procédure en matière contentieuse administr. 1842. 2 v. in-8. 15 f.

SOLON. Répertoire administratif et judiciaire ou règles générales sur les Juridictions et la Compétence. 4 v. in-8. 1845.   20 fr.

CONFLITS (DES).

BAVOUX. Des Conflits ou Empiétements de l'autorité administrative sur l'autorité judiciaire. 1829. 2 v. in-4.   15 fr.

DUVERGIER DE HAURANNE. De l'Ordre légal en France et des Abus de l'autorité. 1828. in-8.   7 fr.

TAILLANDIER. Commentaire sur l'Ordonnance des conflits (1er juin 1828), contenant les Travaux de la commission, le Rapport de M. de Cormenin, etc. 1829. in-8.   5 fr.

CONSEIL D'ÉTAT.

BAVOUX (Ed.). Conseil d'Etat, Conseil royal, Chambre des Pairs, Vénalité des charges, Duel et Peine de mort. 1838. in-8.   5 fr.

LÉGISLATION relative au Conseil d'Etat, ou Recueil textuel des dispositions législatives et réglementaires en vigueur. 1832. in-4.   5 fr.

REGNAULT. Histoire du conseil d'État depuis 1808 jusqu'en 1850. 1851. in-8.   7 fr.

SIREY. Du Conseil d'État, selon la Charte constitutionnelle, ou Notions sur la justice d'ordre politique et admin. 1818. in-4. 10 fr.
— Jurisprudence du Conseil d'Etat, depuis 1806, époque de l'institution de la commission du contentieux, jusqu'à la fin de septembre 1818. 5 v. in-4. 1818.   35 fr.

Voy. *Droit public et administratif*, p. 41.

CONSEILS DE PRÉFECTURE.

AUBIERS (V. des). Manuel des préfets et sous-préfets. 1852. 1 vol. in-8.   6 fr.

BRUN. Nouveau Manuel des Conseillers de préfecture. 1844. 2 vol. in-8.   17 fr.

COCAIGNE. De la Compétence des conseils de préfecture. 1838. in-8.   3 fr. 50

DUBOIS DE NIERMONT. Organisation, Compétence, Jurisprudence et Procédure des conseillers de préfecture.1841.in-8. 7 fr. 50

JORET-DESCLOZIÈRES. Mémoire sur les Réformes à introduire dans l'organisation des Conseils de préfecture. 1853. in-8. 3 fr.

CONSEILS GÉNÉRAUX.

DUMESNIL (J.).De l'Organisation et des Attributions des conseils généraux de département et des conseils d'arrondissement. 3e éd. 1843. 2 v. in-8.   14 fr.

THIBAUT LEFEBVRE. Constitution et Pouvoirs des Conseils généraux et des conseils d'arrondissement. 1843. in-8.   8 fr.

CONSIGNATIONS (DÉPOTS ET).

DUMESNIL. Lois et Règlements sur la Caisse des dépôts et consignations dans ses rapports avec les particuliers, les officiers ministériels, etc.; 2e édit., avec un Supplément contenant les lois, décrets, règlements, instructions, circulaires, publiés de 1839 à 1853, avec des notes et la Jurisprudence. 1853. in-8.   8 fr. 50
Le Supplément se vend séparément :   3 fr.

CONSULATS, CONSULS.

BURSOTTI. Guide des Agents consulaires. 1837. 2 v. in-8.   17 fr.

DEBUSSY. Règlements consulaires des principaux États de l'Europe. 1 vol. in-8. 1852.   7 fr. 50

DECLERQ. Formulaire à l'usage des Consulats, suivi d'un Appendice contenant le tarif des chancelleries consulaires et les principales lois et ordonnances relatives aux consulats. 1853. 2 vol. in-8.   16 fr.
—Guide pratique à l'usage des Consulats. 1851. 1 vol. in-8.   13 fr.

LAGET DE PODIO. Nouvelle Juridiction des Consuls de France à l'étranger, et des Devoirs et Obligations qu'ont à remplir ces fonctionnaires, ainsi que les armateurs, négociants. 2e éd. 1843. 2 v. in-8.   18 fr.

MAGNONÉ. Manuel des Officiers consulaires sardes et étrangers. 1847. 2 vol. in-8. 15 fr.

MILTILZ. Manuel des Consuls. 1837-43. 5 v. in-8.   50 fr.

MOREUIL. Manuel des Agents consulaires français et étrangers. 1853. 1 vol. in-8. 8 fr.

ROLLAND DE BUSSY. Dictionnaire des Consulats. Alger. 1853. in-16.   6 fr.

TANCOIGNE. Le Guide des Chanceliers. 1847. in-12.   3 fr.

CONTRIBUTIONS DIRECTES.

BELMONDI. Code des Contributions directes. 1818-1825. 3 vol. in-8.   21 fr.

BULLETIN des Contributions directes et du Cadastre. 1832 à 1856 inclus. 51 vol. in-8.   120 fr.
Abonnement annuel.   13 fr.

CODE des Contributions directes et du cadastre ou Recueil complet et annoté des lois, ordonnances, etc. 1839. 4 v. in-8.   40 fr.

DURIEU. Poursuites en matière de Contributions directes; commentaire sur le règlement adopté par le ministre des finances sur les poursuites en matière de contributions directes, en date du 26 août 1824. 2 v. in-8. 1838.   15 fr.
—Manuel des Percepteurs et des Receveurs municip. des communes. 3e éd. in-12. 4 f. 50
—Mémorial des Percepteurs et des Receveurs des communes; recueil fondé en 1824; années 1824 à 1856 inclus. 33 v. in-8.   175 fr.
Abonnement annuel.   7 fr.
—Code des Perceptions municipales de la ville de Paris et des Établissements publics productifs. 1844. in-8.   8 fr.

FIQUENEL. Manuel des Contributions directes. 1853. in-8.   5 fr.

GERVAISE. Traité de l'administration des Contributions directes et de la Direction des services qui en dépendent. 2e édit. 1847. 1 v. in-8.   8 fr.

SAURIMONT. Code des Contributions directes. 1847. in-8.   7 fr. 50

CONTRIBUTIONS INDIRECTES ET OCTROIS.

ALLOUARD. Traité général des Droits d'entrée et d'octroi de la ville de Paris. 2e éd. 1834. in-8.   8 fr.

ANNALES des Douanes et des Contributions indirectes. 1833 à 1856 inclus. 23 v. in-8.   72 fr.

ANNALES des Octrois, complément du Manuel de l'employé de l'octroi. 1853. 2 vol. in-8.   15 fr.

BIRET. Manuel des Octrois et autres contributions indirectes. in-18.   3 fr. 50 c.

CODE des Contributions indirectes, contenant le Code du droit de circulation, etc. 1839. 4 v. in-8.   28 fr.

D'AGAR. Code des Contributions indirectes. 1811. 2 v. in-8.   10 fr.
—Traité du Contentieux des contributions indirectes. 1819. 2 v. in-8.   10 fr.

DARESTE. Code des Octrois municipaux et des Frais de casernement. 1840. in-8. 7 fr.50 c.
—Code du Droit d'entrée et du Droit de circulation. 1856. in-8.   7 fr. 50 c.

DICTIONNAIRE général des Contributions indirectes. 1851. 1 vol. in-8.   15 fr.

GIRARD. Tableaux des Contraventions et des Peines en matière de contributions indirectes, de tabacs, d'octrois, etc., revus par Fromage. 6e éd. 1841. in-8.   5 fr.
—Manuel des Contributions indirectes et des Octrois, avec des suppléments par Fromage. in-8.   12 fr.

MANUEL de l'Employé de l'octroi. 1853. 2 vol. in-8.   15 fr.

MÉMORIAL du Contentieux judiciaire et administratif des contributions indirectes, des tabacs et octrois. 1850. 17 vol. in-8.   100 fr.

SAILLET ET OLIBO. Code des Contributions indirectes. 1 vol. gr. in-8.   15 fr.

COUR DE CASSATION.

BULLETINS. Voy. p. 28.

GODARD DE SAPONNAY. Manuel de la Cour de cassation. 1852. in-8.

TARBÉ. Lois et Règlements à l'usage de la Cour de cassation. 1840. in-4.   18 fr.

COURS D'EAU, ALLUVION, DRAINAGE.

BERTIN. Code des Irrigations. 1852. in-8. 3 f.

BORDEAUX. Législation des Cours d'eau. 1840. in-8.   5 fr.

BOURGUIGNAT. Guide légal du Draineur. 1 vol. in-8. 1854.   1 fr. 50

CHAMPIONNIÈRE. Du Droit des riverains à la propriété des eaux courantes, sous l'ancien régime et sous le nouveau. 1846. 1 vol. in-8.   9 fr.

CHARDON. Traité du droit d'alluvion. 1840. in-8, avec planches.   8 fr.

DAVIEL. Traité de la Législat. et de la Pratique des cours d'eau. 5ᵉ éd. 3 v. in-8. 1845.   22 fr. 50

—Commentaire de la loi du 29 avril 1845 sur les Irrigations 1845. 1 vol. in-8.   3 fr.

DECAMPS. Manuel des Propriétaires riverains, dans lequel on trouve traités les lacs et étangs. 1856. in-12.   1 fr. 50

DUBREUIL, TARDIF ET COHEN. Analyse raisonnée de la Législation des eaux. 1842. 2 v. in-8.   16 fr.

DUMONT (A). De l'Organisation légale des cours d'eau, sous le triple point de vue de l'endiguement, de l'irrigation et du desséchement. Traité des endiguements. 1845. in-8.   8 fr. 50

GARNIER. Régime ou Traité des Rivières et cours d'eau de toute espèce avec supplément. 3ᵉ éd. 1839-50. 5 v. in-8.   30 fr.

—Commentaire sur la loi du 29 avril 1845 sur les Irrigations. 1845.   5 fr.

—Commentaire de la loi du drainage. 1 vol. in-8. 1854.   3 fr.

NADAUT DE BUFFON. Des Usines sur les cours d'eau. 2 v. in-8. 1852.   16 fr.

RATTIER. Traité des Cours d'eau navigables ou flottables, et des Droits du péage pour les travaux des fleuves et rivières. in-8. 1847.   7 fr.

RIVES. De la Propriété des cours d'eau. in-8. 1844.   2 fr. 50 c.

TRIPIER. Commentaire de la loi sur le Drainage. 1856. in-8.   3 fr.

VIOLET. Essai pratique sur l'Établissement et le Contentieux des usines hydrauliques. 1841. in-8.   7 fr.

COUTUMES.

BEUGNOT (comte). Les Coutumes du Beauvoisis par Phil. de Beaumanoir, jurisconsulte du 13ᵉ siècle ; nouv. éd. publiée d'après les manuscrits de la Bibliothèque royale. 1847. 2 vol. in-8.   18 fr.

— Assises de Jérusalem, ou Recueil des Ouvrages de jurisprudence composés pendant le XIIIᵉ siècle dans les royaumes de Jérusalem et de Chypre. 1841-1843. 2 v. in-fol. 72 fr.

FOUCHER. Assises du royaume de Jérusalem. Voy. p. 28.

GIRAUD. Précis de l'Histoire de l'ancien droit coutumier. 1852. in-8.   3 fr.

KLIMRATH. Etudes sur les Coutumes. 1838. 1 vol. in-8.   4 fr.

LOISEL. Institutes coutumières, avec des notes de Laurière ; nouv. éd. augm. par M. Dupin, procureur général à la Cour de cassation, et M. E. Laboulaye. 1846. 2 vol. in-12.   12 fr.

MARNIER. Assises et arrêts de l'Echiquier de la Normandie au 13ᵉ siècle (1207 à 1245), publiés d'après le manuscrit français de la bibliothèque Ste-Geneviève, avec une lettre de M. Pardessus à l'auteur. 1839. in-8.   5 fr.

—Ancien Coutumier inédit de Picardie, contenant les coutumes notoires, arrêts et ordonnances, etc., de Picardie, au commencement du 14ᵉ siècle. 1840. in-8.   5 fr.

—Conseils de Pierre de Fontaines. 1 gr. v. in-8. 1846.   9 fr.

MOREL. Études sur les Coutumes de Beauvoisis, par PH. DE BEAUMANOIR. 1851. 1 v. in-8.   5 fr.

PERRECIOT. De l'État civil des personnes et de la Condition des terres dans les Gaules dès les temps celtiques, jusqu'à la rédaction des Coutumes. 1845. 3 vol. in-8.   21 fr.

RICHEBOURG (Bourdot de). Coutumier général. 4 v. in-fol.   40 fr.

D

DIPLOMATIE, DROIT DES GENS, TRAITÉS.

BATTUR. Traité du Droit politique et de Diplomatie, appliqué à l'état actuel de la France et de l'Europe. 1828. 2 v. in-8. 15 fr.

CUSSY (Ferd.). Dictionnaire du Diplomate et du Consul. 1846. in-12.   10 fr.

FLASSAN. Histoire générale et raisonnée de la Diplomatie française et de la Politique de la France depuis l'origine de la monarchie jusqu'à la fin du règne de Louis XVI. 2ᵉ éd. 1811. 7 v. in-8.   45 fr.

GARCIA DE VEGA. Guide pratique des Agents politiques au ministère des affaires étrangères. Bruxelles. 1852. in-8.   8 fr.

GARDEN. Traité complet de Diplomatie. 3 v. in-8.   20 fr.

MARTENS (G. de). Guide diplomatique, ou Traité des droits, des immunités et des devoirs des ministres publics, des agents diplomatiques. 2 v. in-8. 1852.   16 fr.

MEISEL. Cours de Style diplomatique. 1826. 2 v. in-8.   16 fr.

MOREUIL. Dictionnaire des Chancelleries diplomatiques et consulaires, etc. 2 vol. in-8. 1855.   16 fr.

Voyez *Consulats.*

BURLAMAQUI. Principes du Droit de la nature et des gens, nouv. éd. revue par M. Dupin aîné. 1820-21. 5 v. in-8.
—Principes du Droit naturel.1821. in-12. 3 fr.
COTELLE. Abrégé d'un cours élémentaire du Droit de la nature et des gens.1820.in-8. 6 f.
FÉLICE (de). Leçons de Droit de la nature et des gens. 1830. 2 v. in-8. 10 fr.
GÉRARD DE RAYNEVAL. Institution du Droit de la nature et des gens. 1851. 2 vol. in-8. 12 fr.
GROTIUS. De Jure belli ac pacis. in-8. 10 fr.
—Le Droit de la guerre et de la paix, trad. par Barbeyrac. 2 v. in-4. 20 fr.
KLUBER. Droit des gens de l'Europe moderne. 1831. 2 v. in-8. 12 fr.
LAURENT. Histoire du Droit des gens et des relations internationales. 1850. 3 vol. in-8. 24 fr.
MACKINTOSCH. Discours sur l'Étude du droit de la nature et des gens, trad. de l'anglais par Royer-Collard. in-8. 5 fr.
MARTENS (Ch. de). Précis du Droit des gens moderne de l'Europe. 1831. 2 v. in-8.14 fr.
—Causes célèbres du Droit des gens. 1827. 2 v. in-8. 15 fr.
—Nouvelles Causes célèbres du Droit des gens. 1843. 2 v. in-8. 15 fr.
MARTENS ET CUSSY. Recueil manuel et pratique des Traités, Conventions, etc., depuis 1760 jusqu'à ce jour. 6 vol. en vente. 1856. 61 fr.
PUFFENDORF. Le Droit de la nature et des gens, trad.par Barbeyrac. 2 v.in-4. 25 f.
VATEL. Le Droit des gens. 1829. 2 v. in-8. 9 fr.
—Le même ouvrage revu par M. Royer-Collard, et augmenté de notes par Pinheiro-Ferreira. 1836-38. 3 v. in-8. 19 fr.
WHEATON. Histoire du Progrès du droit des gens en Europe et en Amérique. 1853. 2 v. in-8. 15 fr.

CUSSY (Ferd.). Règlements consulaires des principaux Etats maritimes de l'Europe et de l'Amérique. 1852. in-8. 8 fr.
ORTOLAN (Th.). Règles internationales et Diplomatie de la mer. 3e édit. 2 vol. in-8. 1857. 15 fr.

GARDEN. Histoire générale des Traités de paix et autres Transactions principales entre toutes les Puissances de l'Europe, depuis la paix de Westphalie jusqu'à nos jours. 1848, 1853. 20 vol. in-8 (14 vol. sont en vente). Prix de chaque volume. 7 fr. 50
HOFFMANS,D'AUTERIVE ET DE CUSSY Recueil des Traités de commerce et de navigation de la France avec les puissances étrangères, depuis 1648,suivi du Recueil des principaux traités de même nature conclus par les puissances étrangères entre elles,etc. 10 v. in-8.1834-44. 40 fr.
MARTENS (G.-F. de). Recueil de Traités

de paix, d'alliances, de trève, de neutralité, de commerce, des limites, d'échange, etc., et de plusieurs autres actes servant à la connaissance des relations étrangères des puissances de l'Europe, depuis 1761 jusqu'à présent (1853). 44 v. in-8. 350 fr.
SCHOELL. Histoire abrégée des Traités de paix. 1817. 15 vol. in-8. 80 fr.

DISCIPLINE JUDICIAIRE.

BERTIN. Chambre du Conseil en matières civile et disciplinaire. 1856. 2 v. in-8. 16 fr.
CARNOT. De la Discipline judiciaire considérée dans ses rapports avec les juges, les officiers du ministère public, etc. 1855. in-8. 5 f.
MORIN (Achille). De la Discipline des cours et tribunaux, du barreau et des corporations d'officiers publics. 1846. 2 v. in-8. 15 fr.

DOUANES.

BEILAC. Répertoire général de la Procédure et de la Jurisprudence en matière de douane. 1850. 2 vol. 18 fr.
BOURGAT. Code des Douanes. 1849. 2 vol. in-8. 18 fr.
— Supplément par Delandre. Années 1848 à 1853 inclus. 4 livraisons. 6 fr. 50
CHAUVASSAIGNES. Manuel des Préposés de douane de France. 1827. in-8. 6 fr.
DUJARDIN-SAILLY. Code des Douanes. 1818. in-4. 15 fr.
DUMESNIL. Nouveau Dictionnaire de la Législation des douanes et de la navigation maritime, et des autres droits conférés aux douanes. 1830. in-8. 9 fr.
— Manuel des employés des Douanes. 1818. in-8. 9 fr.
FASQUEL.Résumé analytique des Lois et Règlements des douanes. 1836-42. in-4. 20 fr.
FASSY ET DEYDIER. Douanes de France. Tarif général des Droits d'entrée et de sortie, 1842. in-4. 15 fr.
GUILGOT. Manuel de l'Employé des douanes. 2 vol. in-8. 12 fr.
MATHIEU. Commentaire de la loi des Douanes. 1853. in-4. 25 fr.
TABLEAU des Marchandises dénommées au Tarif général des Douanes de France, indiquant les droits dont elles sont passibles aux termes des lois et décrets en vigueur. 1856. 1 vol. in-4. 3 fr. 50

DRAINAGE. Voyez *Cours d'eau.*

DROIT CONSTITUTIONNEL.

I.— *Droit antérieur.*

DUFAU, DUVERGIER ET GUADET. Collection de Constitutions, Chartes et Lois fondamentales des peuples de l'Europe et des deux Amériques. 1823. 6 v. in-8. 50 fr.
ALBITTE (G.). Cours de Législation gouvernementale et Études scientifiques sur les gouvernements de la France, depuis 1789 jusqu'à nos jours. 1834. in-8. 6 fr.
DE BEAUVERGER. Des Constitutions de la France. 1851. in-8. 6 fr.

BERRIAT-SAINT-PRIX (Félix). Commentaire sur la Charte constit. 1856. in-8. 3 fr.

CRÉMIEUX ET BALSON. Code constitutionnel. 1835. in-4.   15 fr.

DUPIN. Constitution de la République française, accompagnée de notes sommaires explicatives du texte. 2ᵉ éd. 1849. in-18. 3 fr.

HELLO. Le Régime constitutionnel dans ses rapports avec l'Etat actuel, de la science sociale et politique. 1848. 2 v. in-8. 12 fr.

ISAMBERT. Manuel du Publiciste et de l'homme d'Etat; contenant les Chartes et les Lois fondamentales, etc. 1826. 4 vol. in-8.   26 fr.

LANJUINAIS. Constitution de la nation française. 1819. 2 vol. in-8.   12 fr.

LEZARDIÈRE. Théorie des Lois politiques de la monarchie française. 1844. 4 v. in-8. 30 f.

LORIEUX (A.). Traité de la Prérogative royale en France et en Angleterre; suivi des essais sur le pouvoir des rois de Lacédémone. 1840. 2 v. in-8.   15 fr.

MONTAIGU. Coup d'œil historique sur la monarchie française et la liberté nationale, ou Précis de l'ancienne constitution de France. 1844. in-8.   7 fr. 50

ORTOLAN. Cours public d'Histoire du droit politique et constitutionnel. 1832. in-8. 7 fr.

PAILLIET. Droit public français, ou Histoire des institutions politiq. 1822. in-8. 12 f.

POIREL. Lois organiques du Gouvernement et de l'administration de la France. in-8. 1845.   8 fr.

ROGRON. Code politique ou Charte constitutionnelle expliquée, précédé d'une Introduction contenant un résumé historique de nos anciennes institutions; suivi d'un Commentaire de la loi de régence. 1843. in-18.   6 fr.

TEULET. Manuel du Citoyen français, recueil des Constitutions qui ont régi la France, depuis 1791 jusqu'à ce jour ; suivi des Constitutions des Etats-Unis d'Amérique. 1848. in-8.   3 fr. 50

TRIPIER. Constitution française de 1789, y compris les Décrets du Gouvernement provisoire et la Constitution du 4 novembre 1848; suivie de la Constitution des Etats-Unis d'Amérique. 2ᵉ éd. in-18.   4 fr.

VALETTE ET BENAT-SAINT-MARSY. Traité de la Confection des lois, ou Examen raisonné des règlements suivis par les assemblées législatives françaises comparées aux formes parlementaires de l'Angleterre et autres pays constitutionnels. 1839. in-18.   3 fr. 50

II.— Droit actuel.

BERRIAT-St.-PRIX (Félix). Théorie du Droit constitutionnel français, ou esprit des Constitutions de 1848 et 1852, etc. 1852. 1 v. in 8.   9 fr.

III.— Théories générales.

ANCILLON. De l'Esprit des Constitutions politiques. In-8. 1850.   4 fr.

BENTHAM. Tactique des Assemblées législatives, suivie d'un traité des Sophismes politiques, trad. par le même. 1849. in-18.   4 fr.

CHERBULIEZ. Théories des Garanties constitutionnelles. 1838. 2 v. in-8.   10 fr.

CONSTANT (Benj.). Cours de Politique constitutionnelle (nouv. éd.), précédé d'une introduction par Pagès (de l'Ariége). 1836. 2 v. in-8.   16 fr.

HALLER. Mélanges de Droit public et de haute politique. 1839. 2 v. in-8.   12 fr.

HOUZEL. Constitution sociale, déduite des lois éternelles et immuables de la justice universelle, appliquée à l'homme vivant en communion ; lois dont le bonheur est le but, la fraternité le moyen, et d'où découlent, comme conséquence : Egalité, Liberté, Souveraineté, Propriété. 1848. 1 vol. in-8.   7 fr. 50

MASSABIAU (F.). De l'Esprit des institutions politiques, nouv. éd. 1821. 2 vol. in-8.   14 fr.

SISMONDE DE SISMONDI. Études sur les Constitutions des peuples libres. 1835-37. 3 v. in-8.   27 fr.

SOLIMENE. Justice et Liberté, le Code des nations. in-8.   4 fr. 50 c.

DROIT CRIMINEL GÉNÉRAL.

BECCARIA. Des Délits et des Peines; nouv. édition commentée par M. Faustin Hélie. 1856. in-18.   3 fr.

BENTHAM. Théorie des Peines et Récompenses. 1827. 2 vol. in-8.   14 fr.

BÉRENGER. De la Répression pénale. Voy. page 23.

BRISSOT-WARVILLE. Théorie des Lois criminelles. nouv. éd. 1836. 2 v. in-8. 15 fr.

DUBOYS. Histoire du Droit criminel des peuples anciens, depuis la formation des sociétés jusqu'à l'établissement du christianisme. 1845. in-8.   9 fr.

—Histoire du Droit criminel des peuples modernes, etc. 1854. in-8.   7 fr. 50

LEGRAVEREND. V. page 20.

SAINT-EDME. Dictionnaire de la Pénalité dans toutes les parties du monde connu. 1828, 5 v. in-8, fig.   35 fr.

Voy. *Code d'Instr. crimin. et Code Pénal.*

DROIT ECCLÉSIASTIQUE; CULTES.

ANDRÉ. Corps alphabétique et méthodique du Droit canon mis en rapport avec le droit ecclésiastique. 1851-53. 5 vol. in-8.   40 fr.

BLANC (Hip.). Lois, Décrets et Règlements relatifs à l'administration des Cultes. 1 vol. in-8. 1854.   6 fr.

BULLETIN de l'administration des Cultes, années 1854 à 1856 inclus.   15 fr.
Abonnement annuel.   5 fr.

CÈRE (Paul). Manuel du Clergé et du Culte catholique. 1854. in-18.   4 fr.

CHAMPEAUX. Le Droit civil ecclésiastique français, ancien et moderne. 1852. 2 v. in-8.   15 fr.

COLLET. Traité des Dispenses et de plusieurs autres Objets de théologie et de droit canon. 1828. 2 v. in-8. 12 fr.

DUPIN. Manuel du Droit public ecclésiastique français, contenant les libertés de l'Eglise gallicane en 83 articles, avec un commentaire, etc., etc. 4ᵉ éd. contenant une réponse à M. le comte de Montalembert. 1847. in-18. 6 fr. 50 c.

GAUDRY. Traité de la Législation des cultes. 1854. 3 vol. in-8. 21 fr.

HENRION. Code ecclésiastique français, d'après les lois ecclésiastiques de d'Héricourt. 2ᵉ éd. 1829. 2 v. in-8. 12 fr.

—Manuel de Droit ecclésiastique. 1 vol. in-18. 2 fr.

LESENNE. Traité de la Condition civile et politique des prêtres. 1847. 1 v. in-8. 7 fr. 50

NACHET. De la Liberté religieuse en France, ou Essai sur la législation relative à cette liberté; ouvrage couronné par la société de la morale chrétienne. in-8. 2ᵉ éd. 1846. 7 f. 50 c.

NOYON. Traité complet sur la législation des Cultes et de l'administration des fabriques. 1837. in-8. 7 fr.

PHILIPPS. Du Droit ecclésiastique, trad. de l'allemand par Crouzet. 1855. 3 v. in-12. 12 f.

PORTALIS. La Liberté de conscience et le Statut religieux. 1846. in-8. 7 fr.

WALTER. Manuel du Droit ecclésiastique de toutes les confessions chrétiennes, trad. de l'allemand par Roquemont. 1841. in-8. 8 fr.

AFFRE. De l'Appel comme d'abus, son origine, ses progrès et son état présent. 1845. 1 vol. in-8. 5 fr.

BATBIE. Doctrine et Jurisprudence en matière d'appel comme d'abus. 1852. in-8. 1 f. 50

DUFOUR (Louis). Traité de la Police des cultes. 2 vol. in-8. 12 fr.

VUILLEFROY. Traité de l'Administration du culte catholique. 1842. in-8. 7 fr. 50

DROIT FRANÇAIS ANCIEN.

DOMAT. Les Lois civiles dans leur ordre naturel. Nouvelle éd., mise en rapport avec le Code civil, par Remi. 1830. 4 vol. in-8. 15 fr.

POTHIER. OEuvres complètes, contenant tous ses traités sur le Droit français; annotées et mises en corrélation avec le Code civil et les autres dispositions de la législation actuelle, par M. BUGNET, profess. de Cod civ. à la faculté de droit de Paris. 1845-48. 10 vol. in-8. 80 fr.

.... L'excellente édition des *OEuvres complètes de Pothier* que vient de terminer M. Cosse, sous la direction et avec les annotations de M. le professeur Bugnet, est la plus complète et la plus exacte qui ait encore été publiée.

Cette édition est précédée (dans le 2ᵉ volume) de plusieurs Eloges de Pothier, et notamment d'un Eloge historique, par M. Letrosne, avocat du roi au présidial d'Orléans; enfin, d'une Notice de M. Bugnet, dans laquelle il explique le but qu'il s'est proposé dans cette nouvelle publication des œuvres du grand jurisconsulte, que l'on peut regarder à juste titre comme le premier fondateur de notre droit civil moderne, comme l'inspirateur et le précurseur de nos Codes.

M. Bugnet y fait remarquer combien il importait d'avoir enfin une édition des œuvres de Pothier où le lecteur fût mis à même de comparer les principes et les opinions de cet auteur avec les dispositions de nos Codes, et de pouvoir en reconnaître la similitude ou les différences · ce n'est en effet qu'à cette condition que la lecture de Pothier est aujourd'hui véritablement profitable.

Ici, et sur la nature de ces annotations, nous devons laisser parler M. Bugnet lui-même : —

« Notre travail, dit-il, a eu principalement pour objet de prémunir le lecteur contre toute méprise, en lui indiquant les dispositions abrogées, modifiées ou conservées, et afin de rendre cette séparation ou distinction plus facile et plus sûre, et pour que chacun puisse, par soi-même, apprécier et juger en connaissance de cause, nous avons reproduit le texte même des lois nouvelles, en sorte que cette édition des OEuvres de Pothier présentera un tableau complet de l'ancien et du nouveau droit comparés.

« Dans la solution des nombreuses et intéressantes questions pratiques discutées et approfondies dans les traités de notre auteur, on reconnaît facilement le grand jurisconsulte et le magistrat mûri par l'expérience des affaires, aussi nous n'avons eu, en général, qu'à donner un plein assentiment à ses décisions.

« Cependant, le changement de législation a nécessairement une influence quelquefois directe, d'autres fois plus éloignée sur ces questions controversées, et dont la solution dépend souvent, non pas d'un texte, mais de l'esprit général de la législation. Nous avons donc tâché, chaque fois que l'occasion s'est présentée, de faire ressortir les motifs déduits de la loi nouvelle pour ne plus adopter les décisions de Pothier; elles étaient conformes, il est vrai, à l'ancien droit, mais elles nous paraissent en désaccord avec les principes nouvellement adoptés.

« De plus, tout en respectant infiniment l'autorité de Pothier, nous n'avons pas cru cependant devoir nous abstenir de toute critique : on trouvera donc quelquefois, mais rarement, des solutions contraires à celles données par notre auteur. Nous avons alors brièvement exposé nos raisons de différence; le lecteur pourra apprécier et juger. »

C'est là, sans doute, tout ce que l'on pouvait désirer dans une édition annotée des OEuvres de Pothier.

—Ed. Letrosne. 1820. 19 v. in-8. 40 fr.
—Ed. Berville. 1828. 26 v. in-8. 80 fr.
—Ed. Dupin. 1825. 11 vol. in-8. 80 fr.
—Ed. Firbach et Rogron. 1825. 2 vol. gr. in-8. 40 fr.

Droit des gens, V. Diplomatie.

DROIT INTERNATIONAL PRIVÉ.

FOELIX ET **CH. DEMANGEAT.** Traité du Droit international privé, ou du conflit des lois de différentes nations en matière de droit privé. 1856. 2 vol. in-8. 15 fr.

—De l'Effet ou de l'Exécution des jugements dans les pays étrangers. 1843. in-8.   5 fr.

FRIGNET, avocat à la Cour de cassation, et **JONES**, avocat à la Cour impériale. Traité du Droit international privé, ou Examen comparé des principales législations d'Europe et d'Amérique au point de vue du droit civil. 2 vol. in-8 (sous-presse). 16 fr.

GASCHON. Code diplomatique des Aubains, ou du Droit conventionnel entre la France et les autres puissances relativement à la capacité réciproque d'acquérir ou de transmettre les biens meubles ou immeubles par actes entre-vifs, etc., 1818. in-8.   12 fr.

LOBÉ (G.). Guide des Droits civils et commerciaux des étrangers en Espagne. 2e édit. 1837. in-8.   7 fr.

OKEY. Droits, Priviléges et Obligations des étrangers dans la Grande-Bretagne. 4e édit. 1829. in-12.   3 fr. 50 c.

ORTOLAN. Des Moyens d'acquérir le domaine international. 1851. in-8,   8 fr.

WHEATON. Éléments du Droit international. 1852. 2 vol. in-8.   15 fr.

Voy. au Code Napoléon, p. 4.

DROIT MARITIME.

PARDESSUS. Collection des Lois maritimes antérieures au 18e siècle. 1828-45. 6 vol. in-4.   250 fr.

— Tableau du commerce antérieurement à la découverte de l'Amérique, servant d'introduction à la collection des lois maritimes. 1834. in-4.   10 fr.

— Us et Coutumes de la mer ou Collection des usages maritimes des peuples de l'antiquité et du moyen âge. 1847. 2 vol. in-4. 40 fr.

ANNALES (Nouvelles) de la Marine et des Colonies, années 1849 à 1856 inclus. 8 vol. in-8.   120 fr.

Abonnement annuel.   20 fr.

BAJOT ET POIRRÉ. Annales maritimes et coloniales, ou Recueil des lois et ordonnances, règlements et décisions ministériels, mémoires, observations, etc. 1816 à 1847. 104 v. in-8.   500 fr.

DE CUSSY. Phases et causes célèbres du Droit maritime des nations. 1856. 2 vol. in-8.   18 fr.

DESAINT. Recueil des lois relatives à la Marine et aux colonies. 1799-1809. 18 vol. in-8.   75 fr.

Voy. Code de commerce, p. 18.

DROIT MILITAIRE; JUSTICE MILITAIRE; RECRUTEMENT.

BARDIN. Mémorial de l'Officier d'infanterie; collection de tous les règlements et lois en vigueur. 1813. 2 vol. in-8.   8 fr.

BROUTTA. Cours de Droit mil. 1843. in-8. 6 f.

COCHET DE SAVIGNY Mémorial complet de la Gendarmerie. 2e édit. 1851. 5 v. in-8.   12 fr.

—Formulaire général et annoté à l'usage de tous les militaires de la gendarmerie. 5e éd. 1855. in-8.   6 fr.

DURAT-LASSALLE. Code de l'Officier, contenant les lois, ordonnances, constitutions des armées de terre et de mer, etc. 2e édit. 1840. in-8.   14 fr.

—Droit et Législation des armées de terre et de mer, etc. 1844-1850. 10 v. gr. in-8. 120 fr.

GERARD. Code de Justice et de discipline militaires. 1852. in-18.   4 fr.

GONVOT. Manuel de Législation militaire. 1847. 1 vol. in-8.   22 fr.

—Manuel du Recrutement. 1855. 1 vol. in-8.   8 fr.

JOUBERT. Précis sur la Législation militaire, résumé des Lois, Ordonnances, Décisions royales sur la matière en vigueur au premier janvier 1855. 1 v. in-8.   3 fr. 50

LEGRAND. Etudes sur la Législation militaire et la Jurisprudence des Conseils de guerre et de révision. 1855. in-8.   5 fr.

QUILLET. Etat de la Législation sur l'administration des troupes. 1811. 5 vol. in-8.   15 fr.

ROUILLARD. Manuel de la Gendarmerie. 1855. in-12.   3 fr.

ROZIER. Législation sanitaire de l'armée de terre, contenant les lois, etc. 1855 1 vol. in-8.   14 fr.

SWANTON. Dictionnaire du Recrutement ou Classification par ordre alphabétique de tous les mots ou termes sur la matière, donnant les attributions de tous les fonctionnaires employés au recrutement, ce qui leur rend les recherches promptes et faciles. 1838. in-8. 6 f.

VAUCHELLE. Cours de Droit militaire. 5e édit. 1854. 5 vol. in-8.   24 fr.

VIEL. Théorie pratique sur l'Administration et la Comptabilité des corps de troupes de toutes armes, par demandes et réponses formées sur les lois, etc. 5 vol. in-8. 20 fr.

ALLA. Le Praticien des Tribunaux militaires, ou Code d'instruction criminelle et Code pénal militaires. 2 vol. in-8. 1855.   12 fr.

CHÉNIER. Manuel des Conseils de guerre. 2e édit. 1849. in-8.   8 fr.

— Guide des Tribunaux militaires. 1852. 5 vol. in-8.   24 fr.

—Manuel des Parquets militaires. 1848. in-18.   1 fr. 50

DUEZ. Code pénal milit. 1847. in-18. 1 fr. 50

DUMESGNIL. Dictionnaire de la Justice militaire. 1847. 1 vol. in-8.   7 fr. 50

BOSCH (Ad.). Droit général et Discipline militaires de la Haute-Cour militaire de la Belgique, ou Codes militaires annotés des arrêts formant la jurisprudence et précédés d'un Traité historique, théorique et pratique sur la justice et le droit pénal militaires en Belgique, en France, en Angleterre, etc. Bruxelles, 1857. 1 fort vol. in-8.   12 fr.

DROIT MUNICIPAL.

BOST. Code et formulaire des Elections municipales et des assemblées de conseils municipaux, 1855. in-8.   3 fr.

BOST. Traité de l'Organisation et des Attributions des corps. municipaux. 2e éd. 2 vol. in-8. 15 fr.
— Encyclopédie municipale, Collection de Codes formulaires sur l'Organisation et les attributions municipales. 1856. 1 vol. in-8. 2 fr. 50

BOURIAUD. Traité pratique d'Administration départementale et communale. 1845. 1 vol. in-8. 9 fr.

BOYARD. Nouveau Manuel municipal, ou Répertoire des maires, adjoints, etc., dans leurs rapports avec l'ordre administratif et judiciaire. 1853. 2 v. in-8. 12 fr.

CAUCHY. De la Propriété communale et de la Mise en culture des communaux. 1848. in-8. 3 fr. 50

CÈRE (Paul). Nouveau Manuel du Maire, de l'Adjoint et du Conseiller municipal. 1853. in-18. 4 fr.

CHABOT. Dictionnaire des Connaissances élémentaires en matière d'administration municipale, etc. 1854. in-8. 9 fr.

CHAMPAGNAC. Du Passé, du Présent et de l'Avenir de l'Organisation municipale. 1843. 2 v. in-8. 10 fr.

CHAMPAGNY (de). Traité de la Police municipale, ou de l'autorité des maires, de l'administration et du gouvernement en matières réglementaires. 1844-47. 2 v. in-8 en trois parties. 18 fr.

CHARVILHAC. Nouveau manuel des Maires et Adjoints, suivi du Guide des Commissaires de police et d'un Traité pratique des Justices de paix, 2 vol. in-8. 1853. 12 fr.

CORMENIN. Loi sur l'Administration municipale, Recueil contenant les ordonnances et circulaires relatives à la loi du 18 juillet 1837 sur l'administration municipale. 2e éd. in-8. 2 fr. 50 c.

CROZET. Formulaire de dix ans, ou Supplément au Formulaire municipal par Miroir et Jourdan. 1845. in-8. 9 fr.

DAVENNE. Régime administratif et financier des communes. 1844. 1 vol. in-8. 9 fr.

DUBARRY. Le Secrétaire de mairie. 1855. 1 vol. in-8. 7 fr. 50

DUMONT (N.). Manuel complet des Maires, de leurs Adjoints, des Conseillers municipaux et des Commissaires de police. 9e éd., revue par Massé. 1851. 2 v. in-8. 10 fr.

DUPONT. Dictionnaire des Formules. 1856. 2 v. in-8. 18 fr.

DUQUÉNEL. Lois municipales, rurales, administratives et de police, avec les modèles et formules de tous les actes et procès-verbaux, etc. 2e éd. 1853. 2 v. in-8. 10 fr.

FAUCHET. Code des Municipalités, ou Manuel municipal, avec un Formulaire complet. 3 vol. in-8. 1845. 18 fr.

GIRARDON et NABON-DEVAUX. Questions de droit munic. 1853. 4 v. in-8. 16 fr.

GUICHARD. Jurisprudence communale et municipale. 1820. in-8. 6 fr.

HALLEZ-D'ARROS. Guide du Maire et du Secrétaire de mairie. 1854. in-12. 2 fr. 50

HENRION DE PANSEY. Du Pouvoir municipal, de la Police intérieure des communes. 1843. grand in-8. 4 fr.

JOURNAL DES CONSEILLERS MUNICIPAUX, Recueil de Jurisprudence administrative depuis 1833 à 1856 inclus. 27 vol. in-8. 185 fr.
—Abonnement annuel. 10 fr.

JOURNAL DES COMMUNES et des Établissements de bienfaisance de 1828 à 1856. 28 vol. in-8. 135 fr.
—Abonnement annuel. 9 fr.

LATRUFFE. Du Droit des communes sur les biens communaux, ou Examen critique et historique du dénombrement, des usages, etc. 1826. 2 v. in-8. 10 fr.

LEBER ET DE PUIBUSQUE. Code municipal annoté. 1839. in-8. 9 fr.

LEBERQUIER. Le Corps municipal ou Guide théorique et pratique des maires, adjoints et conseillers municipaux. 2e éd. 1856. 1 vol. in-8. 8 fr.
—La Commune de Paris et le département de la Seine, ou Code de l'habitant de Paris et de la banlieue, etc. 1847. 1 v. gr. in-18. 3 fr. 50

L'ÉCOLE DES COMMUNES. Années 1820 à 1856. 27 vol. in-8. 130 fr.
Abonnement annuel. 11 fr.

LEGENTIL. Traité de la Législation des portions communales ou ménagères pour la Bourgogne, l'Artois, etc. 1854. in-8. 8 fr.

LÉOPOLD. Le Guide des Maires, Adjoints de maires, Secrétaires des communes, etc., avec formules. Nouv. éd. 1850. in-12. 4 fr.

MAIRIE (La), Mémorial des fonctionnaires municipaux. 2 vol. in-8. 1855. 15 fr.

MIGNERET. Histoire du Droit municipal chez les Romains. in-8. 4 fr.

MIROIR. Formulaire municipal, contenant l'analyse, par ordre alphabétique, de toutes les matières qui sont du ressort d'une administration municipale. 2e éd. 1844-46. 6 v. in-8. 54 fr.
— Répertoire administratif, journal complémentaire du formulaire municipal; années 1844 à 1856. 12 v. in-8. 72 fr.
— Abonnement annuel. 6 fr.

MOITIÉ ET LABROSSE. La Mairie pratique, à l'usage des maires, adjoints, etc. 2e éd. 1845. in-8. 9 fr.

PAUL. Nouveau Manuel des Maires, de leurs Adjoints, etc., ou Traité d'Administration municipale. 2e éd. 1859. in-8. 7 fr. 50

PRADIER-FODÉRÉ. Précis de Droit administratif. 1853. 1 vol. in-12. 3 fr.

PUIBUSQUE. Dictionnaire municipal, ou Manuel analytique et complet d'administration municipale. 2e éd. 1841. 2 part. in-8. 9 fr.

RAYNOUARD. Histoire du Droit municipal en France sous la domination romaine et sous les trois dynasties. 1829. 2 vol. in-8. 10 fr.

RENARD. Recueil des Lois municipales avec notes et commentaires. 1841. 9 fr.

RIEFF. Actes de l'État civil. *V.* pag. 4.

RONDONNEAU. Lois administratives et municip. de la France. 1825-52. 6 v. in-8. 18 fr.

RONDONNEAU. Manuel des Maires, de leurs Adjoints et des Commissaires de police. 4e éd. 1831. 2 v. in-8. 10 fr.

—Manuel portatif des Maires et Adjoints, et des Conseillers municipaux. 1852. in-12. 5 fr.

SAINTE-HERMINÉ. Traité de l'Organisation et des Élections municipales. 1855. in-12. 3 fr. 50

VAUVILLIERS. Manuel de Droit administratif. 1853. 1 vol. in-12. 3 fr. 50

DROIT NATUREL.

JOUFFROY. Cours de Droit naturel, 2e éd. 2 v. in-8. 1842. 15 fr.

FRITOT. Cours de Droit naturel, public, politique et constitutionnel.1827. 4 v.in-18.6f.

DROIT PUBLIC ET ADMINISTRATIF.

ALBIN LERAT DE MAGNITOT ET HUART DE LAMARRE. Dictionnaire de Droit public et administratif. 1841. 2e éd. 2 vol. grand in-8. 20 fr.

BLOCH(Maurice). Dictionnaire de l'administration française. 1 vol. gr. in-8. 1855-56. 25 fr.

FOUCART. Eléments de Droit public et administratif. 1855-56. 3 vol. in-8. 24 fr.

—Précis de Droit public et administratif.1844. in-8. 7 fr. 50.

GOUGEON. Cours de Droit public et administratif. 1847. tom. 1er. in-8. 8 fr.

LAFERRIÈRE. Cours de Droit public et administratif. 4e éd. 1854. 2 vol. in-8. 18 f.

MACAREL. Eléments de Droit politique. 1853. in-12. 4 fr.

SERRIGNY. Traité du Droit public des Français. 2 vol. in-8. 1846. 14 fr.

BÉCHARD. Essai sur la Centralisation administrative. 1845. 2 vol. in-8. 12 fr.

BLANCHET. Code administratif, ou Recueil des Lois sur l'administration et le contentieux. 1859-55. 2 vol. in-8. 12 fr.

BOUCHÉNÉ-LEFER. Droit public et administratif français. 1830-40. 5 v.in-8. 37 fr. 50

CABANTOUS. Répétitions écrites sur le Droit administratif. 1855. in-8. 9 fr.

CHEVALIER. Jurisprudence administrative. 1856. 2 vol. in-8. 15 fr.

CHANTAGREL. Droit administratif, théorique et pratique. 1856. 1 vol. in-8. 8 fr.

CORBIÈRE. Le Droit privé, administratif et public dans ses rapports avec le culte catholique. 1841. 2 vol. in-8. 15 fr.

CORMENIN. Droit administratif. 5e éd. 1840. 2 vol. in-8. Rare.

DE GÉRANDO. Institutes du Droit administratif français ou Eléments du Code administratif, réunis et mis en ordre, contenant l'exposé des principes fondamentaux de la ma-

tière, les textes des lois et ordonnances et les dispositions pénales qui s'y rattachent. 2e éd. 1846. 5 v. in-8. 42 f.

DICTIONNAIRE GÉNÉRAL D'ADMINISTRATION, contenant la définition de la langue administrative. 1846 49. 1 v. gr. in-8. 30 fr.

—Supplément annoté pour les années 1849 à 1856 inclus. 1856. 1 vol in-8°. 9 fr.

DUFOUR(G.).Traité général du Droit administratif appliqué, etc. 7 forts vol. in-8. 1854-56. 56 fr.

6 vol. sont en vente.

FRANQUE. De l'Organisation des Administrations centrales. 1849. in-18. 2 fr.

GANDILLOT ET BOILEUX. Nouveau Manuel du Droit administratif, contenant les matières de l'examen. 1859. in-8. 6 fr.

GRUN(ALPH.). Eléments du Droit français, ou Analyse raisonnée de la législation politique, administrative, civile, commerciale et criminelle de la France. 1838. in-18. 5 fr. 50

GUIZARD. Aperçu des Progrès administratifs introduits dans le service départemental de 1800 à 1845. 1847. in-8. 7 fr. 50

HERMAN. Traité d'administration départementale. 1855. 2 vol. in-8. 14 fr.

JOURNAL du Droit administratif ou le Droit administratif mis à la portée de tout le monde, par Chauveau Adolphe et Anselme Batbie; année 1855 à 1856. 40 fr.

—*Abonnement pour* 1857. 10 fr.

LAFOND DE LADEBAT. Recueil des Principes de droit administratif. 1842. in-8. 5 fr. 50

LEDRU-ROLLIN. Jurisprudence administrative en matière contentieuse de l'an VIII à 1855 inclus. 12 vol. gr. in-8. 120 fr.

LEMARQUIÈRE. Droit, Procédure et Jurisprudence administratifs. 1843. in-8. 6 fr.

MACAREL. Cours de Droit administratif, professé à la Faculté de droit de Paris. 2e éd. 1848. 4 vol. in-8. 30 fr.

MACAREL ET BOULATIGNIER. De la Fortune publique en France, et de son Administration. 1838-40. 3 v. in-8. 24 fr.

MIRABEL-CHAMBAUD. Procédure administrative, ou Code des établissements industriels concédés et autorisés sur demandes directes. 2 v. in-8. 1842. 15 fr.

PINHEIRO-FERREIRA. Principes de Droit public. 1854. 3 vol. in-12. 12 fr.

—Cours de Droit public. 1830. 2 vol. in-8. 16 f.

—Précis du Droit public. 1841. in-8. 6 fr.

REVERCHON. Des Autorisations de plaider nécessaires aux communes et aux établissements publics. 1855. in-8. 7 fr. 50

ROY(LUCIEN). Traité pratique de l'Administration foncière des communes et établissements de bienfaisance. 1842. in-8. 6 fr.

SERRIGNY. Questions et Traité de Droit administratif. 1854. in-8. 8 fr.

SOLON. Code administratif annoté. 1 v. in-4. 1848. 18 fr.

TROLLEY. Traité de la Hiérarchie adminis-

trative, ou de l'Organisation et de la Compétence des diverses autorités administratives.
5 v. in-8. 1847-54.   36 fr.

VIVIEN. Études administratives. 2 v. in-18. 1852.   7 fr.

VUILLEFROY ET MONNIER. Principes d'Administration extraits des avis du conseil d'État, etc. 1837. in-8.   7 fr. 50

Voyez *Compétence administrative*, page 33.

DROIT ROMAIN.
I.—*Textes.*

CORPUS JURIS CIVILIS, edente Galisset. 1850. in-4, relié avec onglets.   30 fr.

—Editio stereotypa ex officinâ C. Tauchnitii, curâ D.-J. Beck. in-4, relié avec onglets. 30 fr.

— Editio *Fratrum Kriegelii*, *Lipsiæ*. 1849. 5 v. in-8.   25 fr.

ISAMBERT. Histoire de Justinien. 1856. 2 vol. in-8.   12 fr.

POTHIER. Pandectæ justinianeæ, cum legibus Codicis et Novellarum quæ jus Pandectarum confirmant, explicant aut abrogant. 1818. 5 v. in-4.   25 fr.

—Editio quarta, edente Latruffe. 1818. 5 v. in-folio.   60 fr.

—Le même ouvrage, traduit en français, le texte en regard, par Bréard-Neuville. 1817. 24 v. in-8.

—Table du même ouvrage, par Moreau de Montalin. 2 gros v. in-8.   15 fr.

BLONDEAU. Chrestomathie ou Choix de textes pour un cours élémentaire du droit privé des Romains, précédé d'une Introduction à l'étude du droit; édition suivie d'un Appendice par M. Ch. Giraud, Membre de l'Institut. 1843. 1 gros v. in-8.   11 fr.

—Tableaux synopt. du Droit romain. in-4. 6 fr.

HOMMELII (C. Fr.). Palingenesia librorum Juris veterum, sive Pandectarum loca integra ad modum indicis Habitti et Wielingi oculis exposita et ad exemplar Taurellii florentino accuratissimè descripta. Leip. 1768, 5 vol. in-8.   12 fr.

II.—*Traductions.*

CORPS des Lois romaines, trad. en français par Hulot, Tissot, Berthelot, Bérenger, Daubenton, Fieffé-Lacroix, etc. 1803. 17 vol. in-4.   175 fr.

Cette collection se divise ainsi :
Digeste, 7 v.
Les douze livres du Code, 4 v.
Les Novelles de Justinien, 2 v.
Les Institutes, 1 v.
Le Trésor de l'ancienne jurisprudence, 1 v.
La Clef des lois romaines, ou Dictionnaire analytique et raisonné des matières, 2 v.

BLONDEAU ET BONJEAN. Institutes de l'empereur Justinien traduites en français, avec le texte en regard. 1839. 2 vol. in-8.   12 fr.

—La traduction se vend sépar. 1 v. in-8. 6 fr.

DOMENGET (L.). Institutes de Gaïus, traduites et annotées, avec le texte en regard. 2e éd. 1847. in-8.   5 fr.

DU CAURROY. Institutes de Justinien nouvellement traduites et expliquées. 8e édition. 2 v. in-8. 1851.   14 fr.

ÉTIENNE. Explication et traduction des Institutes. 1845. 2 vol. in-8.   12 fr.

FREGIER. Paraphrase des Institutes de Justinien, par le professeur Théophile, traduite en français: précédée d'une Introduction. 1847. in-8.   9 fr.

PELLAT. Institutes de Gaïus, trad. et commentées. 1844. 1 v. in-8.   7 fr.

—Textes du Droit romain sur la dot, traduits et commentés. 1853. in-8.   7 fr. 50

PICOT. Traduction commentaire des Institutes de Justinien, avec le texte latin. 1845. in-8.   7 fr. 50

MACHELARD. Textes du Droit romain sur la possession, les hypothèques et les donations. 1856. in-8.   4 fr.

VERNHES. Compendium du Droit Romain, ou Aphorismes et Décisions tirées du Digeste et des Codes. 1840. in-8.   5 fr. 50

III.—*Traités et Commentaires.*

CUJACII (Jac.). Opera omnia in decem tomos distributa, operâ et curâ Caroli Annibalis jurisconsulti. *Parisiis*. 1658. 10 v. in-fol.

—Curâ Liborii Ranii. *Neapoli*. 1722-27. 11 v. in-fol.

—Cum indice generali et novis additionibus. *Venetiis et Mutinæ*. 1758-1783. 11 v. in-f.

DONELLI (Hugonis). Opera omnia. Florence. 1843-47. 12 vol. gr. in-8. 100 fr.

Institutes.

ARNAULT-MÉNARDIÈRE. Abrégé méthodique des principes du droit romain. 1854. in 8.   3 fr.

—Elementa juris romani methodicæ compendiosa. 1854. in-8.   5 fr.

DE FRESQUET. Traité élémentaire de Droit romain. 2 vol. in-8. 1855.   14 fr.

DELVINCOURT. Juris romani Elementa, secundum ordinem Institutionum Justiniani; quarta ed. 1823. in-8.   4 fr.

DU CAURROY, Voy. plus haut.

ETIENNE, Voy. plus haut.

HEINECCIUS. Recitationes in elementa juris civilis, secundum ordinem Institutionum, accesserunt opera et cura J.-J. Dupin. 1810. 2 v. in-8.   8 fr.

JURIS CIVILIS ENCHIRIDIUM, ad usum prælectionum. in-18.   4 fr.

JURIS CIVILIS PROMPTUARIUM, ad usum prælectionum; E. Laboulaye recensuit. 1844. 1 v. in-18.   3 fr. 50 c.

LAGRANGE. Manuel de Droit romain, ou Examen sur les institutes de Justinien. 5e éd. 1850. in-18.   6 fr.

MAKELDEY. Manuel du Droit romain, contenant la Théorie des Institutes; traduit de l'allemand par Beving. 1846. 1 vol. gr. in-8.   8 fr.

MOLITOR. Cours de droit romain approfondi, traité des obligations. 1850. 3 vol. in-8.   24 fr.

ORTOLAN. Explication historique des Institutes de Justinien. 1854. 4e éd. 2 vol. in-8. 15 fr.

PASQUIER. L'Interprétation des Institutes de Justinien, avec la conférence de chaque paragraphe aux ordonnances royaux, arrêtz de parlement et coutumes générales de France. Ouvrage inédit, publié et annoté par M. Giraud. 1847. in-4. 35 fr.

PELLAT. Précis d'un cours sur l'ensemble du droit privé des Romains, traduit de l'allemand de Marezoll. 1840. in-8. 7 fr.

WARNKOENIG. Institutiones Juris romani privati, in usum prælectionum academicarum vulgatæ, cum introductione in universam jurisprudentiam et in studium Juris romani ; editio tertia. 1834. in-8. 8 fr.

Pandectes.

LECLERC. Le Droit romain dans ses rapports avec le Droit français. 1810. 8 v. in-8. 40 fr.

MUHLENBRUCH. Doctrina Pandectarum. 1838. 1 v. grand in-8. 16 fr.

— Legum delectus. 1839. 1 v. in-8. 16 fr.

PINEL-GRANDCHAMP. Immo Gothofredi. Nova Editio. 1821. 3 vol. in-8. 10 fr.

QUERNEST. De verborum Significatione. Recueil alphabétique du titre XVI, livre 4, du Digeste. 1851. 1 vol in-12. 3 fr. 50

SAVIGNY. Traité de Droit romain, traduit de l'allemand par Guenoux. 1840-51. 8 vol. in-8. 64 fr.

SCHULTINGII. Notæ ad digesta seu Pandectas. Edidit atque animadversiones suas adjecit Nicolaus Smallenburg. Lugd. Batavorum. 1804-36. 8 vol. in-8. 50 fr.

GIRAUD. Recherches sur le Droit de propriété chez les Romains sous la république et sous l'empire. 1838-42. 2 v. in-8. 15 fr.

PELLAT. Principes généraux du Droit romain sur la propriété et ses principaux démembrements, particulièrement sur l'Usufruit. 2e éd. 1853. in-8. 8 fr.

— Traité du Droit de gage et d'hypothèque chez les Romains. Trad. de l'allemand de Schilling. 1840. in-8.

SAVIGNY. Traité de la Possession en droit romain, trad. de l'allemand par Faivre d'Audelange, revu en partie par M. Valette, Professeur. 1841. in-8. 6 fr.

BONJEAN. Traité des Actions, ou Exposition historique de l'Organisation judiciaire et de la Procédure civile chez les Romains. 3e éd. considérablement augmentée. 1842. 2 vol. in-8. 15 fr.

DOMENGET. Traité élémentaire des Actions privées en droit romain. 1847. 1 vol. in-18. 4 fr.

ÉTIENNE. Traité des Actions; trad. de l'allemand de Zimmerm. 2e éd. 1846. in-8. 6 fr.

BENECH. Programme d'un Cours de droit romain. 1837. 1 vol. in-4. 18 fr.

BRAVARD. De l'Étude et de l'Enseignement du Droit romain. 1837. in-8. 4 fr.

Histoire.

BERRIAT-SAINT-PRIX (J.). Histoire du Droit romain, suivie de l'Histoire de Cujas. 1821. in-8. 6 fr.

FÉREOL-RIVIÈRE. Esquisse historique de la Législation criminelle des Romains. 1844. in-8. 4 fr.

GIRAUD. Histoire du Droit romain, ou Introduction historique à l'étude de cette législation. 1841. in-8. 7 fr. 50 c.

GRAVINA. Origines juris civilis, seu de Ortu et Progressu juris civilis venetiis.1758. in-4. 15 fr.

— Trad. française, par Réquier.1822.in-8. 6 fr.

GUERARD. Essai sur l'histoire du Droit privé des Romains. 1841. in-8. 7 fr. 50 c.

HOLTIUS. Historia juris romani lineamenta. 1830. in-8. 5 fr.

HUGO. Histoire du Droit romain, traduite de l'allemand, sur la 7e éd., par Jourdan, revue par Poncelet. 1821-1822. 2 v. in-8. 15 fr.

MORTREUIL. Histoire du Droit byzantin, ou du Droit romain dans l'empire d'Orient, depuis la mort de Justinien jusqu'à la prise de Constantinople en 1453. 1847. 3 v. in-8. 24 fr.

ORTOLAN. Histoire de la Législation romaine. 4e éd. in-8. 1855. 5 fr.

PONCELET. Histoire des Sources du droit romain, trad. de l'allemand, et suivie de l'Histoire du droit français, par l'abbé Fleury. 1846. in-12. 3 fr.

— Cours d'histoire du Droit romain fait à la Faculté de droit de Paris. 1843. in-8. 7 fr.

SAVIGNY. Histoire du Droit romain au moyen âge, trad. par Guenoux. 1839. 3 v. in-8.

ENGELBRECHT. De legibus agrariis ante Gracchos. 1842. in-8. 7 fr.

HOLTIUS. Analyse historique du Droit d'accroissement entre légataires, d'après le droit romain et les législations modernes. 1830. broch. in-8. 2 fr.

LABOULAYE. Histoire du Droit de propriété foncière en Occident. 1839. in-8.

— Recherches sur la Condition civile et politique des femmes depuis les Romains jusqu'à nos jours. 1843. in-8.

— Histoire de la Procédure civile chez les Romains, trad. par Ed. Laboulaye. 1841. in-8. 4 fr.

— Essai sur les Lois criminelles des Romains, concernant la Responsabilité des magistrats. 1845. in-8.

LE BASTARD-DELISLE. Précis de l'Administration de la justice criminelle chez les Romains. 1841. in-8. 2 fr. 50 c.

MACÉ. Des Lois agraires chez les Romains. 1846. in-8. 8 fr.

PEPIN-LE-HALLEUR. Histoire de l'Emphytéose. 1844. in-8. 6 fr

TROPLONG. De l'Influence du christianisme sur le droit civil des Romains. in-12. 1855. 5 fr.

E

ÉCONOMIE POLITIQUE.

BLANQUI. Histoire de l'Economie politique en Europe. 3ᵉ éd. 1847. 2 v. in-18.   7 fr.

CHEVALIER (Mich.). Cours d'Économie politique. 1842-50. 3 v. in-8.   27 fr.

COQUELIN. Dictionnaire de l'Economie politique. 1851-53. 2 vol. gr. in-8.   50 fr.

GANDILLOT. Essai sur la Science des finances. 1840. 1 v. in-8.   7 fr.

GARNIER (J.). Éléments de l'Économie politique. Exposé des Notions fondamentales de cette science. 2ᵉ éd. 1847. in-12.   3 fr. 50

OTT. Traité d'Economie sociale ou de l'Economie politique coordonnée au point de vue du progrès. 1851. in-8.   8 fr.

ROSSI. Cours d'Économie politique fait au Collége de France. 1853-54. 4 vol. in-8. 3ᵉ éd.   30 fr.

SANDELIN. Répertoire général d'Economie politique ancienne et moderne. La Haye 1846 48. 6 vol. grand in-8.   60 fr.

SAY. Traité d'Économie politique. 1842. 6ᵉ éd. 1 v. in-8.   10 fr.

—Cours complet d'Économie politique pratique. 1852. 3ᵉ édit. 2 v. grand in-8. 20 fr.

ÉLECTIONS.

ALLAIN. Code-Formulaire des Lois électorales et du Décret sur le jury, ou Guide théorique et pratique des maires, des commissions municipales, des juges de paix, des délégués, des électeurs et des commissions cantonales chargées de dresser les listes annuelles du jury; avec formules et modèles de procès-verbaux, tableaux, etc. 1851. 1 v. in-8, recommandé par le ministère. 2 f. 50

ISAMBERT. Code électoral et municipal, ou Code des Droits civiques. 2ᵉ éd. 1851. 3 v. in-8.   18 fr.

MERGER. Manuel complet de l'Électeur. 1858. 1 vol. in-18.   3 fr.

ÉMIGRÉS.

TESTE-LEBEAU. Code des Emigrés. 1825. in-8.   8 fr.

ENREGISTREMENT ET TIMBRE.

CAMPS. Code et Dictionnaire d'enregistrement, de timbre, de greffe, d'hypothèque et des contraventions aux lois sur le notariat. Partie supplémentaire pour les lois en vigueur en Corse, en Algérie et dans les colonies. 1856. 1 vol. in-8.   7 fr.

CHAMPIONNIÈRE ET RIGAUD. Traité des Droits d'enregistrement, contenant l'*Examen des principes du Code civil* sur la distinction des biens, l'usufruit, les servitudes, les successions, les donations et testaments, les obligations, ventes, louages, les contrats de mariage, les hypothèques et autres parties du droit civil, ainsi que des Règles de timbre et de contraventions à la loi du 25 ventôse an XI, etc. 2ᵉ éd. 1851. 6 forts v. in-8.   50 fr.

On vend séparément :

— *Dictionnaire de l'Enregistrement*, con-

tenant les lois, la jurisprudence et les solutions du Traité sur la matière. 1 gr. v. in-8, servant de table au Traité.   12 fr.

— **SUPPLÉMENT** AU TRAITÉ DES DROITS D'ENREGISTREMENT. Ce volume contient la jurisprudence, la législation et la doctrine des auteurs, de 1855 à 1851, sur les matières contenues dans ledit TRAITÉ. — Par les mêmes auteurs, avec la collaboration de M. PONT, juge au tribunal civil de la Seine. 1851. 1 fort v. in-8.   9 fr.

Plus de 2,000 questions de droit civil, *qu'on ne trouve traitées nulle part*, ont été discutées et résolues dans ces 6 gros volumes, qui contiennent la matière de plus de 14 volumes comme ceux de M. Toullier.

Opinion de M. TROPLONG.—« Il n'est pas de sujet si aride en apparence, que le savoir et le talent ne puissent féconder; aux yeux du plus grand nombre, la loi du 22 frimaire an 7 n'est qu'une suite de tarifs dont l'application machinale n'offre guère plus d'attrait et de profit pour les hautes études de la jurisprudence que les règles de la perception d'un droit d'octroi ou de circulation. Lisez cependant l'excellent ouvrage dont MM. Championnière et Rigaud ont enrichi la science du droit, et vous verrez combien est frivole ce préjugé populaire !!! Après avoir lu avec autant d'attention que de plaisir cet intéressant ouvrage, je n'hésite pas à dire qu'il reste le maître de la matière; personne n'en a embrassé jusqu'à ce jour l'ensemble et les détails avec des vues aussi larges et un talent aussi complet. Si je voyais quelqu'un embarrassé sur une question d'enregistrement, je lui dirais : *Allez voir ce qu'en pensent MM. Championnière et Rigaud.* Je ne connais pas de conseils plus sûrs, de juges plus compétents. J'ai souvent entendu dire que MM. Championnière et Rigaud se sont posés en adversaires de la régie; qu'ils ont élevé autel contre autel, drapeau contre drapeau. Je ne suis pas de cet avis : la science n'est d'aucun parti, et nos deux auteurs ont beaucoup de science. Mais ce n'est pas seulement comme ouvrage spécial que le livre de M. Championnière doit fixer l'attention; les théories générales qui éclairent sa marche tiennent dans son travail une place si grande, il les a abordées avec tant de fermeté et tant d'intelligence, que le *Traité des Droits d'Enregistrement* restera désormais comme l'un des plus utiles auxiliaires des hautes études de *Droit civil*.

CONTROLEUR DE L'ENREGISTREMENT, par MM. CHAMPIONNIÈRE et RIGAUD. 36 vol. in-8, y compris 1856 et la Table vicennale. 150 fr.—*Abonnement annuel.* 10 fr.

DICTIONNAIRE DES DROITS d'enregistrement, de timbre, de greffe et d'hypothèques. 2ᵉ éd. 1828-31. 2 v. in-4.   30 fr.

—Supplément au même ouvrage. in-4.   5 fr.

GAGNEREAUX. Nouveau Code annoté de l'enregistrement, de timbre et des droits de greffe et d'hypothèques. 1856. 1 vol. in-8.   10 fr.

GARNIER. Répertoire général ou Dictionnaire d'enregistrement, de timbre, de greffe et d'hypothèques. 1856. 3 vol. in-4. 57 fr.

—Répertoire périodique faisant suite au Ré-

pertoire. années 1854 à 1856 inclus. 3 vol.
in-8. 21 fr.
Abonnement annuel. 7 fr.

MASSON-DELONGPRÉ. Code annoté de l'Enregistrement.2ᵉédit.1849.2 v.in-8. 18 f.

FESSARD. Dictionnaire de l'Enregistrement et des Domaines. 1844. 2 vol. in-4. 55 fr.

JOLIET. Le Répertoire de l'enregistrement et de la manutention sur un plan tout nouveau,ou Résumé par ordre alphabétique des lois,instructions générales, etc., sur l'enregistrement, le timbre, les greffes, le notariat, etc., etc. 1847. 1 vol. in-4. 12 fr.

LONCHAMPT. Tarif général et raisonné des Droits d'Enregistrement. 1855. 1 vol. in-12. 5 fr.

NOBLET. Traité des Droits d'enregistrement, de greffe, d'hypothèque et de timbre. 1846. in-8. 8 f.

PALIERNE DE LA HAUDUSSAIS. Manuel de l'Aspirant au surnumérariat dans l'administration de l'enregistrement. 1 vol. in-8. 1852. 4 fr.

PERRY. Loi sur l'Enregistrement commentée. 1852. in-4. 4 fr. 50

ROLAND ET TROUILLET. Dictionnaire général des Droits d'enregistrement, de timbre et de greffe, des hypothèques, domaine et manutention. 5ᵉ éd. 1855. in-4. 25 fr.

SAINT-GENIS. Manuel des Droits d'enregistrement et de timbre. 1839. in-8. 8 fr.
— Manuel du Surnuméraire de l'enregistrement et des domaines. 1850. in-8. 7 fr. 50 c.

SOREL. Nouveau tarif des Droits du timbre et de l'enregistrem., etc.1854. in-12. 5 f. 50

TARDIF. Lois du Timbre et de l'Enregistrement. 1826. 2 v. in-8. 12 fr.

TESTE-LEBEAU. Dictionnaire analytique des Arrêts de la Cour de cassation rendus depuis son origine jusqu'à nos jours, en matières d'enregistrement, d'amendes, de timbre. 1833. in-8. 8 fr.

ÉTABLISSEMENTS ET INSTITUTIONS
CHARITABLES.

DE GÉRANDO. De la Bienfaisance publique. 1839. 4 vol. in-8. 32 fr.

DURIEU. Code de l'Administration et de la Comptabilité des revenus des établissements publics. 1823. in-12. 4 fr. 50
—Répertoire de l'Administration et de la comptabilité des établissements de bienfaisance, asiles, etc. 1841-43. 2 v. in-8. 18 fr.
—Formulaire de la Comptabilité des percepteurs et des receveurs des communes, des hospices et des bureaux de bienfaisance. 1842. 1 v. in-8. 8 fr.

LAMOTHE. Nouvelles Études sur la Législation charitable. 1850. 1 vol. in-8. 7 fr. 50

THIBAUT-LEFEBVRE, Avocat à la Cour de cassation. Code des Donations pieuses ou Législation complète relative aux dons et legs faits aux établissements publics religieux, aux laïques et aux associations de toute nature ; précédé d'un Exposé général

et annoté, à l'aide des auteurs, des décisions ministérielles, de la jurisprudence administrative et civile. 1850. 1 vol. in-8. 5 fr.

WATTEVILLE. Législation charitable, ou Recueil des lois, arrêtés, décrets, ordonnances royales, avis du conseil d'Etat, qui régissent l'administration des établissements de bienfaisance, de 1790 à 1853. 2ᵉ éd.1853. 1 vol. gr. in-8 et Supplément. 22 fr.
— Code de l'Administration charitable ou Manuel des administrateurs , agents et employés des établissements de bienfaisance. 2ᵉ éd. 1847. 1 vol. in-8. 7 fr. 50
—Du Patrimoine des pauvres.1848. in-18. 2 fr. Voy. *Assistance judiciaire.*

ÉTABLISSEMENTS DANGEREUX OU INSALUBRES.

AVISSE. Etablissements industriels : industries dangereuses,etc.1852. 2 v.in-8. 12 fr.

CLÉRAULT. Traité des Établissements dangereux , insalubres et incommodes. 1 vol. in-8°. 1847. 7 fr.
Quinze ans se seront bientôt écoulés depuis la dernière publication d'un Traité sur les *Etablissemens dangereux, insalubres ou incommodes.*
Et depuis quinze ans, la législation et la jurisprudence sur la matière ont marché. La législation s'est modifiée, la jurisprudence s'est complétée.
Exposer cette législation ; faire connaître ses sources, dans lesquelles on peut puiser bien des enseignements soit pour éviter des contestations soit pour s'en défendre; montrer quelles garanties les manufacturiers doivent au public contre le danger, l'insalubrité ou l'incommodité que causerait leur voisinage : quelle protection l'administration doit à l'industrie contre les prétentions, parfois excessives, de voisins ombrageux et intolérants; mettre sous les yeux les difficultés qui sont nées du conflit des obligations et des droits à cet égard, les principes invoqués par les parties litigantes, les décisions intervenues; apprécier ces décisions et leurs conséquences ; faire ressortir enfin de ce passé, aussi souvent qu'il se peut, une leçon pour l'avenir : tel est l'objet de ce traité.

MACAREL. Manuel des Ateliers dangereux, insalubres ou incommodes, ou Manuel des manufact., propriétaires.1828.in-18.3 fr.50.

TAILLANDIER. Traité de la Législation concernant les manufact. et ateliers dangereux, insalubres et incommodes.1825. in-8. 4 fr.

TREBUCHET. Code administratif des Établissements dangereux, insalubres ou incommodes. 1832. in-8. 6 fr.

EXPROPRIATION POUR CAUSE D'UTILITÉ
PUBLIQUE.

BLANCHE. De l'Expropriation pour cause d'utilité publique, ou Tableau de la Jurisprudence de la Cour de cassation de 1835 à 1852. 1 vol. in-8. 5 fr.

DEBRAY. Manuel de l'Expropriation pour cause d'utilité publique. 1847. In-8. 4 fr.

DE CAUDAVEINE ET THERY. Traité de l'Expropriation pour cause d'utilité publique. 1839. in-8. 8 fr.

DELALLEAU. Traité de l'Expropriation pour cause d'utilité publique. 5ᵉ éd. revue et annotée par M. Jousselin, Avocat à la Cour de cassation. 1856-57. 2 vol. in-8. 16 fr.

DEMILLY. Analyse de la Discussion des chambres sur la loi du 3 mai 1841, sur l'Expropriation pour cause d'utilité publique. 1842. in-8. 3 fr. 50 c.

DESPREZ-ROUVEAU. Code des Expropriés pour cause d'utilité publique. 1854. in-18. 2 fr. 50

GAND. Traité général de l'Expropriation pour cause d'utilité publique. in-8. 1842. 7 fr. 50

GILLON. Lois sur l'Expropriation pour cause d'utilité publique. 1841. 1 vol. in-12. 3 fr.

HERSON. De l'Expropriation pour cause d'utilité publique. 1843. in-8. 7 fr. 50 c.

HOMBERT. Guide des Expropriations pour utilité publique. in-8. 3 fr. 50 c.

MALAPERT ET PROTAT. Code complet de l'Expropriation pour cause d'utilité publique. 1856. 1 vol. in-8. 4 fr.

SOLON. De l'Expropriation pour cause d'utilité publique. 1850. In-8. 3 fr.

G

GARDE NATIONALE.

BENAT SAINT-MARSY. Code du Garde national. in-12. 3 fr.

DALLOZ FILS. Commentaire de la loi des 13-26 juin 1851, sur la Garde nationale. 1851. in-32. 1 fr. 50

GILLON ET STOURM. Loi sur la Garde nationale. 1834. in-12. 3 fr.

MERGER. Code complet des Gardes nationales. 1837. in-18. 3 fr.

PREVOST ET GENRET. Loi sur la Garde nationale expliquée et commentée. 1851. 1 vol. in-18. 60 c.

H

HISTOIRE DU DROIT FRANÇAIS.

LERMINIER. Introduction générale à l'Histoire du droit. 2e éd. 1835. in-8. 8 fr.

BERNARDI. De l'Origine et des Progrès de la législation française. 1816. in-8. 8 fr.

CHAMBELLAN. Etudes sur l'Histoire du droit français. 1re partie. 1847. in-8. 9 fr.

DE BAST. Origines judiciaires, Essai historique, anecdotique et moral sur les officiers ministériels, etc. 1 vol. in-8. 1855. 7 fr.

PONCELET. Précis de l'Histoire du droit civil en France. 1838. in-8. 2 fr. 50 c.

LAFERRIÈRE, Inspect. général des écoles de droit. Histoire du Droit français, précédée d'une introduction sur le Droit civil de Rome. 1846-53. 4 vol. in-8. 32 fr.

Les tomes 5 et 6 sont en préparation. Le tome 4, contenant le Droit public et privé au moyen âge, se vend *séparément*. 9 fr.

...... On ne saurait trop se hâter de signaler à l'attention publique des œuvres qui, comme celle-ci, doivent avoir une place marquée dans la science du droit parmi les meilleurs travaux dont elle s'honore, et qui contribueront certainement à ses progrès.... Nous ne saurions passer sous silence et ne pas consacrer une attention spéciale à la partie

philosophique qui nous a paru une des plus remarquables..... En somme, M. Laferrière a compris qu'écrire l'histoire d'une législation, de la vie intime d'un peuple, ce n'était pas exhumer des ossements et dresser un squelette, mais qu'après avoir reconstitué le cadavre, il fallait lui souffler la vie, l'animer.... C'est un bon cours d'histoire du droit, remarquable surtout pour son utilité.

(*Revue de Législat.*, t. xxv.)

—Histoire du Principe, des Institutions et des Lois pendant la Révolution française de 1789 à 1804. 1851. in-12. 4 fr.

MICHELET. Origines du Droit français. 1837. in-8. 8 fr.

HENNEQUIN (V.). Introduction historique à l'Etude de la législation française ; les *Juifs*. 2 v. in-8. 1842. 14 fr.

LEHUEROU. Histoire des Institutions mérovingiennes et carlovingiennes. 1843. 2 vol. in-8. 15 fr.

PETIGNY. Etudes sur l'Histoire, les Lois et les Institutions de l'époque mérovingienne. 1843-51. 3 vol. in-8. 18 fr.

GIRAUD. Histoire du Droit français au moyen âge. 3 vol. in-8. 1846. Les tomes 1 et 2 sont en vente. 24 fr.

BEUGNOT. Les *Olim*, ou Registre des arrêts rendus par la cour du roi, sous les règnes de St-Louis, Philippe le Hardi, etc. 1840-48. 4 v. in-4. 60 fr.

GUÉRARD. Polyptique de l'abbé Irminon, ou dénombrement des manses, des serfs et des revenus de l'abbaye de St-Germain-des-Prés, sous le règne de Charlemagne, publié d'après le manuscrit de la Bibliothèque du roi, 1836-45. 3 v. in-4. 45 fr.

— Polyptique de l'abbaye de Saint Remi de Reims. 1853. in-4. 8 fr.

KLIMRATH. Travaux sur l'Histoire du droit français. 1843. 2 vol. in-8. 15 fr.

COUTURIER DE VIENNE. Etudes historiques sur la Législation civile et criminelle en France. 1 vol. in 8. 1843. 7 fr. 50.

LECERF. Tableau général de la Législation française. 1841. in-8. 7 fr. 50.

RAPETTI. Li livre de jostice et de plet, publié d'après le manuscrit unique de la Bibliothèque nationale, avec un Glossaire des mots hors d'usage, par P. Chabaille. 1850. in 4°. 15 fr.

GINOULHIAC. Histoire du Régime dotal et de la Communauté en France. 1843. in 8. 7 fr.

DESMARCHES. Histoire du Parlement de Bourgogne de 1773 à 1790. pet. in-fol. 30 fr.

PILLOT. Histoire du Parlement de Flandres. 1849. 2 vol. in-8. 14 fr.

MICHEL. Histoire du Parlement de Metz. 1845. in-8. 7 fr. 50

FLOQUET. Histoire du Parlement de Normandie. 1840. 7 v. in-8. 50 fr.

HONNEURS ET PRÉSÉANCES.

TOUSSAINT (G.). Code des Préséances et des Honneurs civils, militaires, maritimes, ecclésiastiques et funèbres. 1843. in-8. 6 fr.

STORY. Droit public des États modernes (États-Unis d'Amérique), traduit de l'anglais, par Odent, docteur en droit. 1846. 2 vol. in-8. 12 fr.

TOLSTOY. Coup d'œil sur la Législation russe.1840. in-8.

VINCENT. Études sur la Loi musulmane (rit de Malek). Législation criminelle. in-8. 3 fr. Voy. *Lois étrangères*, p. 27.

LÉGISLATION GÉNÉRALE.

BENTHAM. Traité de Législation civile et pénale. 1831. 3 vol. in-8. 21 fr.

BONALD. Législation primitive, considérée dans les derniers temps par les seules lumières de la raison. 5e éd.1850.1v.in-8. 8 fr.

COMTE. Traité de la Législation, ou Exposition des lois générales suivant lesquelles les peuples prospèrent, dépérissent, ou deviennent stationnaires.2e éd.1835.4v.in-8. 20 fr.

FILANGIERI. La Science de la Législation, traduit de l'italien, nouv. éd., avec un commentaire de B.Constant.1841.3 v.in-8.18 fr.

LERMINIER. Cours d'Histoire des législations comparées. 1837. in-8. 8 fr.

PASTORET. Histoire de la Législation. 1817-37. 11 v. in-8. 80 fr.

LIBERTÉ INDIVIDUELLE.

COFFINIÈRES. Traité de la Liberté individuelle. 1840. 2 v. in-8. 14 fr.

NIGON DE BERTY. Histoire abrégée de la Liberté individuelle chez les principaux peuples anciens et modernes.1834.in-8.7 f. 50 c.

M

MAIRES ET ADJOINTS.

Voy. *Droit municipal*, p. 39.

MINES ET CARRIÈRES, ETC.

BARRIER. Code des Mines, ou Recueil des lois, décrets, ordonnances, etc., concernant les Mines. 1829. in-8. 5 fr.

BLAVIER. Jurisprudence des Mines en Allemagne, trad. de Cancrin. 1825.3 v.in-8.25f.

DELÉBECQUE. Traité sur la Législation des mines, minières, en France et en Belgique. 1836-38. 2 v. in-8. 15 fr.

DUPONT(Et.).Traité pratique de la Jurisprudence des mines. 1853. 2 vol. 18 fr.

LOCRÉ. Législation sur les Mines et sur les Expropriations pour cause d'utilité publique. 1828. 1 vol. in-8. 8 fr.

PEYRET-LALLIER. Traité, sous la forme de commentaire, sur la Législation des mines, minières, carrières, tourbières, usines et chemins de transport. 1844. 2 v. in-8.

RAVINET. Code des Ponts et Chaussées et des Mines. 2e éd. 1847. 4 vol. in-8. 35 fr.

RICHARD. Législation française sur les Mines, Minières, etc. 1838. 2 v. in-8. 15 fr.

N

NOTAIRES; NOTARIAT.

Ouvrages généraux.

ARCHIVES DU NOTARIAT, publiées par une réunion de jurisconsultes et de notaires. 1844 à 1856 inclus, 15 vol. 110 fr.

—*Abonnement à l'année courante.* 11 fr.

AUGAN. Cours de Notariat, suivi d'un Tarif alphabétique et raisonné des droits d'enregistrement et d'hypothèques.1846. 2 v. in-8.

BAVOUX. Manuel du Notariat ou Recueil de formules. 1846. 1 vol. in-32. 3 fr.

CELLIER. Formules d'actes et Cours de Rédaction notariale. 1841. 1 vol. gr. in-8. 8 fr.

— Réforme notariale et vénalité des offices. 2e éd. 1840. in-8. 7 fr

— La Philosophie du notariat, ou Lettres sur la profession de notaire. 1832. in-8. 6 fr.

—Considérations sur le Notariat et la Législation. 1836. in-8. 7 fr.

CLERC (ED.), Notaire à Besançon. Traité théorique et pratique ou Formulaire général et complet du Notariat, contenant : 1° des explications développées de droit et de pratique sur chacun des actes qui peuvent être passés devant notaire ; 2° les formules variées de ces actes ; 3° un résumé des règles et de la jurisprudence en matière d'enregistrement placé à la suite de chaque espèce d'acte. Suivi du *Code des notaires expliqué*, contenant : 1° le commentaire de la loi du 25 ventôse an xi sur le Notariat et des lois relatives aux droits d'enregistrement, de timbre, d'hypothèque, de transcription et de greffe ; 2° un traité abrégé de la discipline et des chambres des notaires ; 3° une collection des lois et règlements usuels du Notariat ; par M. A. DALLOZ ; et d'un *Traité abrégé de la Responsabilité des notaires*, par M. VERGÉ, Docteur en droit. 3e éd., revue et mise au courant de la législation, de la jurisprudence et de la doctrine. 1853. 2 forts vol. in-8. 18 fr.

Le titre de cet ouvrage suffit pour en révéler toute l'utilité, en même temps qu'il en fait pressentir la portée et l'étendue. C'est la pratique du notariat que les auteurs ont voulu mettre en lumière, en l'éclairant de tous les flambeaux de la théorie : le droit général en tant qu'il peut se traduire en formules d'actes, les usages suivis par les notaires de Paris, la rédaction formulaire, le droit notarial, les droits d'enregistrement, de timbre et d'hypothèque, la discipline et la responsabilité des notaires, tout est expliqué, traité, présenté dans cet ouvrage composé de 2 volumes grand in-8°, à 2 colonnes, qui renferment la matière de 6 à 7 volumes ordinaires, et dont le véritable titre devrait être *Encyclopédie usuelle du Notariat.*

Trois éditions successives de cette excellente publication formant un nombre de plus de 10,000 exemplaires, presque épuisées en moins de dix ans, sont la meilleure preuve de la complète utilité de l'œuvre de MM. Ed. Clerc et A. Dalloz.

CLERC (ED.). Théorie du Notariat, pour servir aux Examens de capacité, contenant, par demandes et par réponses, les matières sur lesquelles les candidats doivent être interrogés : 1° lois organiques du notariat

2° droit civil; 3° enregistrement, timbre et hypothèques, etc. 1 vol. in-8. 1852.   8 fr.

DELMAS DE TERREGAYE. Précis alphabétique de la Science notariale. in-8. 5 fr.

DICTIONNAIRE DES NOTAIRES (Nouveau) et des Préposés de l'enregistrement et des domaines, par une Société de jurisconsultes, de notaires et d'anciens employés de l'enregistr. 1856-52, 5 v. gr. in-8.   42 fr.

DICTIONNAIRE DU NOTARIAT, par une Société de jurisconsultes et de notaires. 4ᵉ éd. 10 vol. 1856-57. in-8.   70 fr.

    6 volumes sont en vente.

FAVARD DE LANGLADE. Répertoire de la Législ. du not. 2ᵉ éd. 1857. 2 v. in-4. 15 fr.

FEUILLERET. Ecole théorique et pratique du Notariat. 1843-47. 4 v. in-8. 52 fr.

FORMULAIRE (Nouveau) du Notariat, par les notaires et jurisconsultes rédacteurs du *Journal des notaires*. 1846. 2 vol. in-8. 12 fr.

FORMULAIRE des Actes des Notaires. édit. pocket. 1852. in-18.   9 fr.

FORMULAIRE pour Inventaires, par Mᵉ Demadre, notaire à Paris. 1 v. in-4. 1852. 4 fr.

FORMULAIRE pour Contrats de mariage, par Mᵉ Demadre, notaire à Paris. 1 vol. in-4. 1852.   5 fr.

GAND. Traité de Législation nouvelle du notariat. 1843. in-8.   6 fr.

LEDRU. Clef du Notariat, ou Exposition méthodique des connaissances nécessaires à un notaire. 4ᵉ éd. 1858. in-8.   6 fr.

LORET. Éléments de la science notariale, avec Commentaire de la loi organisatrice du notariat. 1807. 3 v. in-4.   30 fr.

MASSÉ. Le Parfait Notaire, ou la Science du Notariat. 6ᵉ éd. 1828. 3 v. in-4.   20 fr.

MASSÉ ET LHERBETTE. Jurisprudence et Style du Notaire. 1823-30. 9 v. in-8. 55 f.

MÉTÉNIER. Guide pratique du Clerc de notaire. 1856. in-8.   3 fr.

PARFAIT NOTAIRE (LE NOUVEAU) ou Manuel historique et pratique des Notaires, par deux avocats. 2 v. in-8.   8 fr.

ROLLAND DE VILLARGUES. Répertoire de la Jurispr. du Notariat. 2ᵉ éd. 1840-45. 9 vol. in-8.   72 fr.

— Jurisprudence du Notariat, années 1828 à 1856. 28 v. in-8.   240 fr.

— *Abonnement annuel.*   15 fr.

— Code du Notariat et des droits de timbre, d'enregistrement, d'hypothèque et de greffe. 1856. 2 v. in-8.   12 fr.

    Le premier volume est en vente.

ROUSSET. Memento du Notaire, indiquant, dans un ordre didactique, ce qui forme la substance des actes et contrats, etc. 1850. in-18.   2 fr. 50 c.

SELLIER. Manuel des Notaires, contenant un nouveau Dictionnaire des formules de tous les actes des notaires, et un commentaire. 3 v. in-4 y compris la table.   55 fr.

— Journal du Manuel des Notaires. 1849 à 56 inclus. in-4.   60 fr.

— *Abonnement annuel.*   10 fr.

SERIEYS. Nouveau répertoire de Jurisprudence et de la Science du Notariat depuis son organisation jusqu'à présent. 1828. in-8. 6 fr.

SOSTHÈNE-BERTHELLOT. Esprit, Législation et Jurisprudence du Notariat. 1854. in-8.   5 fr.

VELAIN. Cours élémentaire du Notariat français. 1851. 1 vol. in-8.   9 fr.

Ouvrages divers.

GAGNEREAUX. Commentaire de la loi du 25 vent. an XI (16 mars 1803) sur le Notariat. 1834. 2 vol. in-8.   15 fr.

FAVIER-COULOMB. De l'Admission au Notariat. Commentaire des art. 35 à 44 de la loi du 25 vent. an XI, et de l'art. 90 de la loi du 28 avril 1816. 1844. in-8. 7 fr. 50 c.

GAILLARD. Manuel alphabétique des Aspirants au notariat. 1844. in-8.   7 fr. 50 c.

DRION. Du Notaire en second et de la Nécessité de modifier l'art. 9 de la loi du 25 vent. an XI. 1836. in-8.   3 fr. 50 c.

<hr/>

ALLARD. De la Forme des Actes au point de vue de l'intérêt des tiers ou de la société, et de la régularité nécessaire pour prouver, sans rien laisser au doute, le droit trentenaire en fait d'immeubles. 1846. in-8.   8 fr.

SAVY. Précis sur la Garantie en matière de vente et de transport appliquée au notariat. in-8.   1 fr. 50 c.

PAGÈS. De la Responsabilité des Notaires. 1845. in-8.   4 fr.

<hr/>

FOURNIER. Eléments de Comptabilité et de Tenue des Etudes de Notaires. 1854. in-8.   4 fr.

GARNIER (L.). Tenue des livres, à l'usage des Notaires. 1841. in-8.   8 fr.

<hr/>

JOURNAL DES NOTAIRES et des Avocats, 1808 à 1856. 80 v. in-8.   200 f.

— *Abonnement annuel.*   15 fr.

O

Octrois. V. *Contributions indirectes.*

offices (des).

BATAILLARD. Propriété et Transmission des Offices ministériels. 1841. in-8.   7 fr.

BELLET (Victor) Offices et Officiers ministériels. 1 vol. in-8. 1850.   6 fr.

CHATEAU. Dissertation sur le Droit de propriété des Offices. 1856, in-8.   2 fr.

DARD, ancien Professeur de Droit romain à l'Académie de Législation de Paris. Traité des Offices désignés dans l'art. 91 de la loi du 28 avril 1816 concernant les Avocats à la Cour de cassation, les Notaires, les Avoués, les Greffiers, les Huissiers, les Commissaires-priseurs, les Agents de change et les Courtiers. 1 vol. in-8.   5 fr.

FEDIX. De la Vénalité des Charges. 1848. in-8.   2 fr.

FRAPPÉ. De la Vénalité des Offices. 1848.
in-8. 1 fr.

OEUVRES DE DIVERS.

BENTHAM. OEuvres complètes. 3 vol. gr.
in-8. 1848. 45 fr.
COCHIN. Ses œuvres.1771-80. 6 v. in-4. 20 f.
—Nouv. éd. classée par ordre de matières.
1821. 8 v. in-8. 20 fr.
CUJAS. Voy. p. 42.
D'AGUESSEAU. OEuvres complètes. 1780-
1789. 13 vol. in-4. 60 fr.
— OEuvres, édit. Pardessus. 1819. 16 vol.
in-8. 60 fr.
HENRION DE PANSEY. Ses OEuvres judiciaires, contenant 1º une Notice biographique; 2º les Justices de paix avec la loi du 25
mai 1838; 3º le Pouvoir municipal; 4º les
Biens communaux;5ºde l'Autorité judiciaire;
6º des Pairs de France, avec notes et commentaires. 1843. 1 fort v. gr. in-8. 10 fr.
HOPITAL (MICHEL DE L'). OEuvres complètes, précédées d'un Essai sur sa vie et ses
ouvrages par Dufey. 1824. 5 v. in-8. 25 fr.
LANJUINAIS. Ses œuvres. 1832. 4 vol.
in-8. 15 fr.
POTHIER. Voy. p. 38.
TALON (OMER ET DENIS). Leurs OEuvres publiées sur les manuscrits autogra-
phes par M. Rives. 1821. 6 v. in-8. 24 fr.

ORGANISATION ET INSTITUTIONS JUDICIAIRES.

BENTHAM.De l'Organisation judiciaire et de
la Codification; trad. par Dumont. 1828.
in-8. 8 fr.
BILLOT. Du Barreau et de la Magistrature,
suivi d'un Essai sur les Juridictions. 1851.
in-8. 8 fr.
CARRÉ, voyez page 13.
HENRION DE PANSEY. De l'Autorité judiciaire en France. 1843. 1 v. gr. in-8. 4 fr.
HIVER. Histoire critique des Institutions ju-
dic. de la France, de 1789 à 1848. in-8. 7 fr.
MEYER. Esprit, origine et progrès des Institutions judiciaires des principaux pays de
l'Europe. 1823. 5 v. in-8.
PARDESSUS. Voyez page 31.
PETIGNY. Etudes sur l'Histoire des lois et
des institutions mérovingiennes. 1851. 3 v.
in-8. 18 fr.
REY. Des Institutions judiciaires en Angleterre, comparées avec celles de la France et
de quelques autres Etats anciens et modernes. 2e éd. 1836. 2 v. in-8. 12 fr.
SERMET (Ph.). Des Institutions judiciaires,
Discours historique servant d'introduction à
la Théorie de l'application des lois. 1834.
in-8. 7 fr.

P.

PARLEMENTAIRES (ANNALES ET MONUMENTS)

BOULLÉE. Histoire complète des Etats-généraux et autres Assemblées représenta-
tives de la France, depuis 1302 jusqu'en
1826. 1845. 2 v. in-8. 15 fr.

RATHERY. Histoire des États généraux de
France,suivi d'un Examen comparatif de
ces Assemblées et des Parlements d'Angleterre, ainsi que des causes qui les ont em-
pêchés de devenir, comme ceux-ci, une
institution régulière. Ouvrage couronné
par l'Institut de France. 1845.1 vol. in-8.
7 fr. 50
CHOIX de Rapports,Opinions et Discours faits
et prononcés à la tribune nationale depuis
l'ouverture des Etats-généraux jusqu'à ce
jour. 1818-22. 23 v. in-8. 85 fr.
MIRABEAU. OEuvres complètes, ou recueil
de ses Discours, Rapports, Adresses, Opinions,Discussions, prononcés à l'Assemblée
nationale. 8 v. in-8. 50 fr.
ANNALES du Parlement francais, par une
société de publicistes. Sessions 1839-1848.
10 v. in-4. 80 fr.
HENRY. Histoire de l'Eloquence, avec des
Jugements critiques sur les plus célèbres
orateurs etdes Extraits nombreux et étendus
de leurs chefs-d'œuvre. 2e éd. 1850. 2 vol.
in-8. 14 fr.

PAROISSES (GOUVERNEMENT DES).

AFFRE. Traité de l'Administration temporelle des paroisses. 5e éd. 1845. in-8. 7 fr.
CARRÉ. Traité du Gouvernement des paroisses. 1824. in-8. 5 fr.
DIEULIN. Le Guide des Curés dans l'administration temporelle des paroisses. 4e éd.
1849. 2 v. in-8. 10 fr.
LARADE. Guide et Formulaire des Fabriques
des églises. 1853. in-18. 3 fr. 50
MANUEL des Conseils de Fabrique : comptabilité, organisation, administration. 1853.
in-4. 4 fr.

PATENTES.

BALMELLE. Code des Patentes, expliqué
par ses motifs, par la discussion aux deux
chambres et par la jurisprudence. 1844.
in-8. 1 fr. 50
LAINÉ. Le Manuel des patentés ou Commentaire de la loi relative aux patentes. 1845.
in-8. 3 fr.
LANIER. Tarif général des Patentes pour
l'application de la loi nouvelle. 1844. in-8.
1 fr. 75 c.

PENSIONS CIVILES ET MILITAIRES.

DELAROQUE. Code des Pensions civiles.
1854. 1 vol. in-12. 3 fr.
DARESTE. Code des Pensions civiles. 1854.
in-18. 2 fr.
DUMESNIL. Manuel des Pensionnaires.1841.
in-12. 4 fr.
MANUEL DES PENSIONS de l'armée de
terre, ou Collection générale des Lois, Règlements, Modèles, Formules, etc., contenant l'instruction des demandes des militaires, veuves et enfants des militaires dans
les cas prévus par la loi du 11 avril 1831;
imprimé par ordre du Ministre de la guerre.
in-8. 1831. 4 fr. 50

PHILOSOPHIE DU DROIT.

AHRENS. Cours de Droit naturel, ou Philosophie du droit d'après l'état de cette science en Allemagne. 4ᵉ édit. Bruxelles. 1853. in-8. 11 fr.

BACON. Essai d'un traité sur la Justice universelle; trad. nouv., avec le texte en regard, par de Vauzelles. 1824. in-8. 6 fr.

BÉLIME. Philosophie du droit, ou Cours d'introduction à la science du droit. 1856. 2 vol. in-8. 15 fr.

CARRIÈRE. De Justitiâ et Jure. 1859, 3 vol. in-8. 20 fr.

CHASSAN. Essai sur la Symbolique du droit, précédé d'une Introduction sur la poésie du droit primitif. 1847, 1 vol. in-8. 7 fr.

DIMITRY DE GLINKA. La Philosophie du Droit. 1842. in-8. 3 fr. 50

DENTEX. Encyclopedia Jurisprudentiæ. 1842. Gr. in-8. 16 fr.

ESCHBACH. Cours d'introduction générale à l'Étude du droit. 3ᵉ éd. in-8. 9 fr.

FONS. Aphorismes de droit, classés suivant l'ordre des matières des nouveaux Codes, avec des commentaires. 2ᵉ éd. 1846. in-12. 2 fr. 50

FRITOT. Esprit du droit et ses Applications à la politique et à l'organisation de la marche constitutionnelle. 2ᵉ éd. in-8. 1827. 5 fr.

— Science du publiciste, ou Traité des principes élémentaires du droit considéré dans ses principales divisions. 1820-23. 11 v. in-8. 50 fr.

GOGUET. De l'Origine des lois, des arts et des sciences, chez les anciens peuples. 6ᵉ éd. 1820. 3 v. in-8. 18 fr.

LAIGNEL. Essai sur la Théorie des principes du droit (Prolégomènes). 1844. in-8. 2 fr. 50

LHERBETTE. Introduction à l'Étude philosophique du droit, précédée d'un Discours sur les causes de la stagnation de la science du droit en France. 1819. in-8. 4 fr.

LERMINIER. Influence de la philosophie du 18ᵉ siècle sur la législation et la sociabilité du 19ᵉ. 1833. in-8. 8 fr.

— Philosophie du Droit. 2ᵉ éd. 1856. 2 v. in-8.

MATTER. De l'Influence des lois sur les mœurs. in-8. 7 fr. 50

MINIER. Précis historique du Droit français; Introduction à l'étude du Droit. 1 vol, in-8, 1854. 9 fr.

MONTESQUIEU. De l'Esprit des Lois. 3 v. in-8. 9 fr.

OUDOT. Premiers Essais de philosophie du droit et d'enseignement méthodique des lois françaises. 1846. in-8. 5 fr. 50

— Conscience et Science du Devoir, introduction à une explication du Code Napoléon. 1856. 2 vol. in-8. 14 fr.

PELLAT. Cours d'introduction générale à l'étude du droit, ou Encyclopédie juridique, par Falck, traduit de l'allemand. 1842. in-8. 7 fr. 50

POUHAER. Essai sur l'Histoire générale du Droit. 1849. in-8. 8 fr.

REY. Traité des Principes du droit et de la législation. 1828. in-8. 6 fr.

SAINT-ALBIN. Logique judiciaire, ou Traité des Arguments légaux. 1841. in-18. 3 fr. 50

SCHERER. Histoire du commerce de toutes les nations, depuis les temps anciens jusqu'à nos jours; trad. de l'allemand par Richelot et Vogel. 1856. 2 vol. in-8. 18 fr.

POIDS ET MESURES.

MAGNE. Code du Vérificateur des poids et mesures. 2ᵉ éd. in-18. 4 fr. 50

ROUX. Tableau du Système légal des poids et mesures; contenant la conversion de toutes les mesures anciennes en mesures décimales. 1 feuille jésus. 75 c.

TARBÉ. Manuel des Poids et mesures, des monnaies, du calcul décimal et de la vérification. 1839. in-18. 3 fr.

POLICE GÉNÉRALE. Voy. p. 21.

POLICE MUNICIPALE ET RURALE.

COLLECTION OFFICIELLE des Ordonnances de police, depuis 1800 jusqu'en 1850, imprimée par ordre de M. G. Delessert. 5 v. in-8, 1852. 46 fr.

MIROIR ET BRISSOT-WARVILLE. Traité de Police municipale et rurale. 1844. 2 v. in-8. 9 fr.

PRISONS, RÉFORME PÉNITENTIAIRE.

I.—France.

ALAUZET. Essai sur les Peines et le Système pénitentiaire; ouvrage couronné par l'Institut, Académie des sciences morales et politiques. in-8. 1842. 4 fr. 50

ALLIER. Etudes sur le Système pénitentiaire et les Sociétés de patronage. 1842. in-8. 4 fr. 50

AYLIES. Du Système pénitentiaire et de ses conditions fondamentales. 1856. in-8. 5 fr.

BÉRENGER. Des Moyens propres à généraliser en France le système pénitentiaire. 4ᵉ éd. 1837. in-8. 3 fr.

— Répression pénale, v. p. 23.

BONNEVILLE. Traité des diverses Institutions complémentaires du régime pénitentiaire. 1848. in-8. 6 fr.

CERFBERR. Des Condamnés libérés. 1844, in-18. 3 fr. 50

FAUCHER (L.). De la Réforme des Prisons. 1838. in-8. 5 fr.

GRILLET-WAMMY, Voy. p. 23.

HUMBERT. Des conséquences des condamnations pénales. 1855. 1 vol. in-8. 6 fr.

JULIUS. Leçons sur les prisons, présentées en forme de cours, trad. de l'allem. 1831. 2 vol. in-8. 15 fr.

LEPELLETIER (de la Sarthe). Système pénitentiaire : le bagne, la prison cellulaire, la déportation. 1854. gr. in-8. 6 fr.

LUCAS. De la Réforme des Prisons, ou de la Théorie de l'emprisonnement. 1837. 3 vol. in-8. 21 fr.

— Du Système pénal et du Système répressif en général, et de la peine de mort en particulier. 1837. In-8. 9 fr.

MARQUET-VASSELOT. Examen historique et critique des diverses théories pénitentiaires. 1836. 3 v. in-8. 18 fr.

—Ecole des Condamnés. Conférence sur la moralité des lois pénales, 1838. 2 v. in-8. 15 fr.

MOREAU (Christophe). De l'Etat actuel des Prisons en France, considéré dans ses rapports avec la théorie pénale du Code. 1837. in-8. 7 fr. 50 c.

—De la Réforme des Prisons en France, basée sur le principe de l'isolement individuel. 1838. in-8. 7 fr. 50 c.

—Code des Prisons, v. p. 23.

II.—Etranger.

BEAUMONT ET TOCQUEVILLE. Du Système pénitentiaire aux Etats-Unis, et de son application en France. 2 v. in-8. 15 fr.

BLOSSEVILLE. Histoire des Colonies pénales de l'Angleterre en Australie. 1834. in-8. 7 fr.

DUCPETIAUX. Du Progrès et de l'Etat actuel de la réforme pénitentiaire et des institutions préventives aux Etats-Unis, en France, en Suisse. 1838. 3 v. in-18. 18 fr.

JULIUS. Du Système pénitentiaire américain en 1836-37. in-8. 2 fr. 50

LAFARELLE. Coup d'œil sur le Régime répressif et pénitentiaire de l'ancien et du nouveau monde. 1846. in-8. 6 fr.

LUCAS. Du Système pénitentiaire en Europe et aux Etats-Unis. 1828-31. 3 v. in-8. 15 fr.

MOREAU-CHRISTOPHE. De l'État actuel et de la Réforme des prisons en Angleterre, en Ecosse et en Irlande. 1839. in-8. 5 fr.

PROCÈS-VERBAUX EN MATIÈRE ADMINISTRATIVE.

COTELLE. Traité des Procès-verbaux de contravention en matière administrative, comprenant leur forme, la poursuite, la compétence. 1848. in-8. 7 fr. 50

PRUD'HOMMES.

BINOT DE VILLIERS, Avocat à la Cour de Paris. Manuel des Conseils de Prud'hommes, contenant les lois, décrets, ordonnances et arrêtés relatifs à l'institution des Conseils de Prud'hommes, aux manufactures, fabriques et ateliers, aux livrets des ouvriers, aux marques et dessins de fabrique, aux contrefaçons des draps, des savons, marques de quincaillerie, coutellerie, etc. 1845. 1 vol. in-12. 2 fr. 50

DURUT. Code des Prud'hommes, annoté des dispositions de la législation, avec Formules, etc. 1857. in-12. 3 fr. 50.

DURUT. Dictionnaire raisonné de la Législation usuelle des prud'hommes et de leurs justiciables, avec formules. 1846. in-12. 5 fr.

LINGÉE. Code des Prud'hommes. 1854. in-12. 3 fr.

MOLLOT. De la Compétence des conseils de prud'hommes. 1842. in-8. 5 fr.

—Code de l'Ouvrier. 1856. in-8. 2 fr.

S

STATISTIQUE.

COMPTE GÉNÉRAL de l'Administration de la justice criminelle en France, depuis 1826 jusques et y compris 1852. 28 v. in-4. 120 fr.

COMPTE GÉNÉRAL de l'Administration de la Justice civile et commerciale. 1830-52. 16 vol. in-4. 80 fr.

T

THÉÂTRES.

AGNEL. Code manuel des Artistes. 1851. in-12. 3 fr. 50

LACAN ET PAULMIER. Traité de la Législation et de la Jurisprudence des théâtres. 1853. 2 vol. in-8. 15 fr.

SIMONET. Traité de la Police administrative des théâtres. 1 vol. in-8. 1850. 4 fr.

VIVIEN ET BLANC. Traité de la Législation des théâtres. 1830. in-8.

VULPIAN ET GAUTHIER. Code des Théâtres. 1829. in-18. 3 fr. 50.

TRAVAUX PUBLICS.

CHEVALLIER. Livre des Entrepreneurs et Concessionnaires des travaux publics. 1841. in-12. 2 fr.

DELVINCOURT. Jurisprudence du Conseil d'Etat, en matière de travaux publics. 1851. in-8. 3 fr. 50

CORDIER. Essais sur la Construction et la Législation des travaux publics. 1829. 2 v. in-8. 14 fr.

COTELLE. Cours de Droit administratif appliqué aux travaux publics. 2e éd. 1838-39. 3 v. in-8. 21 fr.

FÉRAUD-GIRAUD. Dommages causés à la propriété privée par les Travaux publics. 1851. in-8. 7 fr. 50

PAUW (de). Des Principes administratifs et application en matière de Travaux publics. 1849. in-8. 7 fr,

TARBÉ DE VAUXCLAIRS. Dictionnaire des Travaux publics, civils, militaires et maritimes considérés dans leurs rapports avec la législation, l'administration et la jurisprudence. 1835. in-4. 25 fr.

TRÉSOR PUBLIC.

DUMESNIL. Traité de la Législation spéciale du trésor public en matière contentieuse. 1846. in-8. 7 fr.

FASQUEL. Code-Manuel des payeurs; lois concernant le paiement des dépenses publiques. in-8. 1850. 10 fr.

V

VOIRIE.

COTELLE. Des Alignements et Permissions de voirie urbaine, et des Référés législatifs à introduire sur cette matière. 1836. in-8. 3 fr. 50

DAUBENTON. Code de la Voirie des villes (y compris la ville de Paris), des bourgs et des villages. 1856. in-8.   8 fr.

DAVENNE. Recueil méthodique et raisonné des Lois et Règlements sur la voirie. 1836. 2 v. in-8.   10 fr.

—Législation et Principes de la Voirie urbaine. 1849. in-8.   9 fr.

FÉRAUD-GIRAUD. Servitudes de Voirie, 1850. 2 vol. in-8.   16 fr.

FLEURIGEON. Code de la Voirie administrative et municipale. 5ᵉ éd. revue par Menestrier. 1853. in-8.   6 fr.

GILLON ET STOURM. Traité de la Grande voirie. 1834. in-12.   3 fr.

HUSSON. Traité de la Législation des travaux publics et de la Voirie en France. 1850. 2 v. in-8.   15 fr.

ISAMBERT. Traité de la Voirie urbaine. 1825-29. 3 v. in-12.   11 fr. 50

AGENDA-WARÉE, à l'usage de la Cour impériale de Paris et des tribunaux de son ressort, contenant l'organisation du Ministère de la justice, du conseil d'Etat, de la Cour de cassation, etc., etc., paraissant annuellement du 1ᵉʳ au 15 décembre. In-18. Suivant la reliure.   4 à 10 fr.

AGENDA DUMONT, pour l'année 1855, avec la liste de MM. les Magistrats et Officiers ministériels près la Cour de cassation, la Cour des comptes, la Cour impériale de Paris, les Tribunaux de première instance, de commerce et de justices de paix du département de la Seine et du ressort de la Cour impériale, et MM. les Agents de change, Avocats, Experts, etc., etc. In-18. Suivant la reliure.   4 à 10 fr.

Imprimerie de COSSE et J. DUMAINE, rue Christine, 2.

Nouvelles Publications. — 1857.

CODE DE COMMERCE (COMMENTAIRE DU) ET DE LA LÉGISLATION COMMERCIALE ; par ISIDORE ALAUZET, Chef de bureau au Ministère de la Justice, Auteur du *Traité général des Assurances.* — 4 forts vol. in-8°. 30 fr.

Les 3 premiers volumes sont parus. — *L'ouvrage sera complet en mars 1857.*

MANUEL DU MINISTÈRE PUBLIC près les Cours d'appel, les Cours d'assises et les Tribunaux civils, correctionnels et de police ; par M. MASSABIAU, Président à la Cour impériale de Rennes. 3ᵉ édition entièrement refondue. — 3 vol. in-8°. 27 fr.

Le premier volume est en vente.

SOCIÉTÉS EN COMMANDITE PAR ACTIONS (Commentaire de la loi sur les), et de L'ARBITRAGE FORCÉ ; par M. ROMIGUIÈRE, Avocat à la Cour impériale de Paris. — 1 vol. in-8°. 7 fr. 50.

SOCIÉTÉS EN COMMANDITE PAR ACTIONS. Commentaire de la loi du 17 juillet 1856, pouvant servir de GUIDE PRATIQUE pour la rédaction des actes de sociétés, la composition et la tenue des assemblées générales, etc.; par M. VAVASSEUR, Avocat à la Cour impériale de Paris, (ancien principal Clerc de notaire à Paris). — 1 vol. in-8°. 4 fr. 50.

DES BREVETS D'INVENTION et de la CONTREFAÇON ; par Louis NOUGUIER, Avocat à la Cour impériale de Paris. — 1 vol. in-8°. 7 fr. 50.

COURS DE DROIT CIVIL FRANÇAIS d'après l'ouvrage allemand de C.-S. ZACHARIÆ ; par MM. AUBRY, Doyen et Professeur de Code Napoléon à la Faculté de droit de Strasbourg, Juge suppléant au tribunal de la même ville, Chevalier de la Légion d'honneur ; et RAU, Professeur de Code Napoléon à la Faculté de droit de Strasbourg, Juge suppléant au tribunal de la même ville, Chevalier de la Légion d'honneur. 3ᵉ édition, entièrement refondue et complétée. — 6 vol. in-8°. 48 fr.

Les tomes 1 et 3 sont en vente. Le tome 5 paraîtra en février 1857.

EXPROPRIATION (TRAITÉ DE L') pour cause d'utilité publique ; par M. le chevalier DE LALLEAU. 5ᵉ édition, entièrement refondue par M. JOUSSELIN, Avocat. 16 fr. — Le tome 1ᵉʳ est en vente, le tome 2 paraîtra incessamment.

CODE ANNOTÉ DE LA PRESSE (NOUVEAU), pour la France, l'Algérie et les colonies, ou Concordance synoptique et annotée de toutes les lois sur l'imprimerie, la librairie, la propriété littéraire, la presse périodique, le colportage, l'affichage, le criage et les théâtres, et tous autres moyens de publication, depuis 1789 jusqu'à 1856 ; avec la jurisprudence et la doctrine des auteurs ; par GUSTAVE ROUSSET, ancien Magistrat. — 1 vol. in-4° *pouvant servir de complément aux* CODES ANNOTÉS *de Sirey et Gilbert.* 12 fr.

CODE GÉNÉRAL DES LOIS FRANÇAISES, continué et mis au courant, chaque année, par une publication paraissant après la session législative, contenant outre les codes ordinaires toutes les lois réputées en vigueur et d'une application usuelle, classées par ordre de matières, etc.; par EM. DURAND, Procureur impérial à Chalons-sur-Marne. — Gr. in-8°.

Paris. — Imp. de Cosse et J. Dumaine, r. Christine, 2.

www.ingramcontent.com/pod-product-compliance
Lightning Source LLC
Chambersburg PA
CBHW070928280326
41934CB00009B/1792